DE ULTIMATA GRILLA SALADERNA

Upptäck konsten att grilla grönt med 100 kreativa recept

Ann Jansson

Copyright Material ©2024

Alla rättigheter förbehållna

Ingen del av denna bok får användas eller överföras i någon form eller på något sätt utan korrekt skriftligt medgivande från utgivaren och upphovsrättsinnehavaren, förutom korta citat som används i en recension. Den här boken bör inte betraktas som en ersättning för medicinsk, juridisk eller annan professionell rådgivning.

INNEHÅLLSFÖRTECKNING

INNEHÅLLSFÖRTECKNING 3
INTRODUKTION 6
GRILLADE GRÖNSSALADER 8
   1. TRÄDGÅRDSSALLAD PÅ GRILLSIDAN 9
   2. KOLGRILLAD SHIITAKESSALLAD 11
   3. BRUNT RIS & GRILLAD GRÖNSAK 13
   4. AVOKADO OCH WEHANI RISSALLAD 15
   5. RUCCOLA OCH GRILLAD GRÖNSAKSSALLAD 17
   6. GRILLAD SQUASH OCH ZUCCHINI 19
   7. GRILLAD EKOLLON SQUASH OCH SPARRIS 21
   8. GRILLAD SPARRIS OCH TOMATER 23
   9. GRILLAD AUBERGINE OCH HALLOUMISALLAD 25
   10. GRILLAD GRÖNSAKS- OCH HALLOUMIQUINOASKÅL 27
   11. GRILLAD PORTOBELLO-SVAMP OCH SPENATSALLAD 29
GRILLADE BJÄLJUNG- OCH SALLADER 31
   12. GRILLAD GRÖNSAKS- OCH COUSCOUSSALLAD 32
   13. GRILLAD MAJSSALLAD 34
   14. GRILLADE KONFETTI GRÖNSAKER 36
   15. GRILLAD GRÖNSAKS- OCH KIKÄRTSSALLAD 38
   16. GRILLAD PORTOBELLO-SVAMP OCH QUINOASALLAD 40
   17. GRILLAD MAJS OCH SVARTA BÖNOR SALLAD 42
   18. GRILLAD GRÖNSAKS- OCH LINSSALLAD MED QUINOA 44
   19. GRILLAD KIKÄRTS- OCH COUSCOUSSALLAD 46
   20. TOFU OCH BRUNT RISSALLAD MED EDAMAME 48
   21. GRÖNSAKS- OCH FARROSALLAD MED VITA BÖNOR 50
   22. GRILLAD KIKÄRTS- OCH BULGURSALLAD 52
   23. LINS- OCH KORNSALLAD MED ROSTADE GRÖNSAKER 54
GRILLADE FRUKTSALADER 56
   24. GRILLAD PÄRON- OCH ÄDELOSTSALLAD 57
   25. GRILLAD VATTENMELONSALLAD 59
   26. GRILLAD PERSIKA OCH RUCCOLASALLAD 61
   27. GRILLAD ANANAS OCH AVOKADOSALLAD 63
   28. GRILLAD STENFRUKTSALLAD 65
   29. GRILLAD PERSIKA OCH TORKAD SKINKA SALLAD 67
   30. GRILLAD ANANAS OCH RÄKOR SALLAD 69
   31. GRILLAD FIKON OCH HALLOUMISALLAD 71
   32. GRILLAD MANGO SALSA 73

33. Grillad fruktfat 75
34. Grillad curry färsk frukt 77
35. Mango chow 79
36. Grillad äppel- och getostsallad 81
37. Grillad jordgubbs- och spenatsallad 83
38. Grillad citrusfruktsallad 85

GRILLAD NÖT/FLÄSK/LAMMSALLAD 87
39. Grillad torkad skinka sallad 88
40. Grillad lamm- och limabönsallad 91
41. T-bone Tostada sallad 93
42. Biff lok lak 95
43. Grillad biffsallad med balsamvinägrett 98
44. Grillad fläskfilésallad med mangosalsa 100
45. Grillad lammsallad med grekisk yoghurtdressing ... 102
46. Grillad nötköttsallad med chimichurrisås 104
47. Grillad biff och tomatsallad 106
48. Grillad fläskfilé och persikosallad 108
49. Grillad lammkotlett och couscoussallad 110
50. Grillad biff Kabob och grekisk sallad 112

GRILLADE FJÄDERFÄSALADER 114
51. Chilis grillad karibisk sallad 115
52. Äpple Mangosallad Med Grillad Kyckling 118
53. Grillad kyckling & nypotatis 120
54. Grillad kyckling och kikärtssallad 122
55. Grillad kalkon och tranbärsquinoasallad 124
56. Grillad kyckling Caesar sallad 126
57. Grillat ankbröst och bärsallad 128
58. Grillad citronörtskyckling och couscoussallad 130
59. Grillad kalkon och tranbärssallad 132
60. Grillad anka och apelsinsallad 134
61. Grillad citronörtskycklingsallad 136

GRILLADE PASTASALADER 138
62. Grillad Veggie Fusilli Pasta Sallad 139
63. Grillad Grönsak Och Pesto Pasta Sallad 141
64. Grillad kyckling Caesar Pasta sallad 143
65. Grillade Räkor Och Avokadopastasallad 145
66. Grillad Sommar Grönsak Och Feta Pasta Sallad 147
67. Grillad majs- och svartbönpastasallad 149
68. Grillad kyckling och pesto tortellinisallad 151
69. Grillad Grönsak Och Feta Orzo Sallad 153
70. Grillad Tofu Och Sesamnudelsallad 155
71. Grillad Svärdfisk Och Orzo Sallad 157
72. Grillad Pilgrimsmussla Och Sparrispastasallad 159

GRILLAD FISK OCH SKJUDSSALADER 161
73. GRILLAD DRAGON TONFISKSALLAD 162
74. GRILLAD TONFISK NICOISE SALLAD 164
75. BLADIG SALLAD OCH GRILLAD TONFISKSALLAD 166
76. PASTA SALLAD MED GRILLAD TONFISK OCH TOMATER 168
77. GRILLAD LAXSALLAD MED CITRON-DILLDRESSING 170
78. GRILLAD RÄKOR CAESARSALLAD 172
79. GRILLAD PILGRIMSMUSSLA OCH AVOKADOSALLAD 174
80. GRILLAD SVÄRDFISK OCH MEDELHAVSSALLAD 176
81. GRILLAD TONFISKSALLAD MED MANGOSALSA 178
82. GRILLAD HÄLLEFLUNDRA SALLAD MED CITRUSVINÄGRETT 180
83. GRILLAD SKALDJURSSALLAD 182

GRILLAD OST OCH MJÖLKSALLAD 184
84. GRILLAD HALLOUMISALLAD MED GRÖNSAKER 185
85. GRILLAD PERSIKA OCH BURRATA SALLAD 187
86. GRILLAD GRÖNSAKS- OCH FETAOSTSALLAD 189
87. GRILLAD PANEER OCH MANGOSALLAD 191
88. GRILLAD GETOST OCH BETORSALLAD 193
89. GRILLAD ÄDELOST OCH PÄRONSALLAD 195
90. GRILLAD RICOTTA OCH TOMATSALLAD 197
91. GRILLAD MOZZARELLA OCH AUBERGINE SALLAD 199

GRILLAD TOFU OCH VEGETARISK SALLAD 201
92. GRILLAD CITRON BASILIKA TOFU SALLAD 202
93. GRILLAD TOFU OCH GRÖNSAKSQUINOASALLAD 204
94. PORTOBELLO SVAMP OCH HALLOUMI SALLAD 206
95. GRILLAD GRÖNSAKS- OCH COUSCOUSSALLAD MED TOFU 208
96. GRILLAD TOFU OCH AVOKADOSALLAD 210
97. GRÖNSAKS- OCH TOFUSALLAD MED MISODRESSING 212
98. GRILLAD HALLOUMI OCH VATTENMELONSALLAD 214
99. GRILLAD TOFU OCH SOMMARGRÖNSAKSSALLAD 216
100. GRILLAD GRÖNSAKS- OCH GETOSTSALLAD 218

SLUTSATS 220

INTRODUKTION

I den kulinariska världen har konsten att grilla länge varit vördad för sin förmåga att ge rätter en rik, rökig smak som är oöverträffad av någon annan matlagningsmetod. Traditionellt har denna teknik varit reserverad för kött, fågel och skaldjur, med grönsaker ofta förpassade till en stödjande roll. Det kulinariska landskapet utvecklas dock ständigt, och med det följer ett innovativt tillvägagångssätt för grillning som placerar grönsaker och grönsaker i framkant. "De Ultimata Grilla Saladerna" är ett bevis på denna utveckling, och erbjuder en omfattande guide för att förvandla vanliga sallader till extraordinära kulinariska skapelser genom grillningens magi.

Den här boken är mer än bara en samling recept; det är en resa in i grillningens hjärta, som utforskar de otaliga sätten på vilka den enkla handlingen att laga mat över öppen eld kan lyfta den ödmjuka salladen till nya höjder. Från de skarpa, förkolnade kanterna på grillad romaine till den rökiga sötman av förkolnade majs och paprika, " De Ultimata Grilla Saladerna " inbjuder dig att tänka om vad en sallad kan vara. Det utmanar den konventionella visdomen att sallader bara är aptitretare eller tillbehör, och presenterar dem istället som värdiga huvudrätter som kan tillfredsställa även de mest kräsna smakerna.

Kärnan i denna kulinariska utforskning är ett engagemang för friskhet, smak och innovation. Varje recept i boken har utformats noggrant för att visa upp den naturliga skönheten och smaken hos dess ingrediens:, förstärkt av den unika smakprofilen som bara grillning kan ge. Oavsett om du är en erfaren grillmästare eller en nybörjare som vill lära dig, erbjuder den här boken något för alla. Den ger detaljerade instruktioner om grillteknik, från att välja rätt typ av grill till att bemästra den perfekta rödingen, vilket säkerställer att läsarna med säkerhet kan ta itu med alla recept på dess sidor.

Dessutom är " De Ultimata Grilla Saladerna " en hyllning till mångfald, med recept som hämtar inspiration från ett brett utbud av kök och kulturer. Detta globala perspektiv berikar inte bara bokens kulinariska repertoar utan speglar också grillningens universella dragningskraft. Genom sina sidor kommer läsarna att ge sig ut på en gastronomisk rundtur som sträcker sig över kontinenter och prova grillade sallader som innehåller smaker från Medelhavet, Asien, Amerika och utanför. Denna eklektiska kollektion understryker mångsidigheten hos grillade grönsaker, vilket bevisar att de kan vara en duk för ett gränslöst utbud av smaker och texturer.

GRILLADE GRÖNSSALADER

1. Trädgårdssallad på grillsidan

INGREDIENSER:
- 2 måttliga s Tomater, kärnade och tärnade
- 1 måttlig zucchini, tärnad
- 1 kopp fryst hel majskärna, tinad
- 1 liten mogen avokado, skalad, kärnad och grovt tärnad
- ⅓ kopp Tunt segmenterad salladslök med toppar
- ⅓ kopp Pace Picante-sås
- 2 matskedar vegetabilisk olja
- 2 matskedar Tärnad färsk koriander eller persilja
- 1 msk citron- eller limejuice
- ¾ tesked vitlökssalt
- ¼ tesked Mald spiskummin

INSTRUKTIONER:

a) Blanda tomater, zucchini, majs, avokado och salladslök i en stor skål. Blanda resterande ingredienser; blanda väl. Häll över grönsaksblandningen; blanda försiktigt. Kyl 3-4 timmar, rör försiktigt ibland.

b) Rör om försiktigt och servera kyld eller i rumstemperatur med ytterligare Pace Picante-sås.

2.Kolgrillad Shiitakessallad

INGREDIENSER:
- 8 uns Shiitakes
- 1 msk olivolja
- 1 matsked Tamari
- 1 msk Vitlök, pressad
- 1 tsk rosmarin, finhackad
- Salt och svartpeppar
- 1 tsk lönnsirap
- 1 tsk sesamolja
- Edamame

INSTRUKTIONER:

a) Skölj svamp. Ta ut och släng stjälkarna. Blanda svamp med resterande ingredienser och marinera i 5 minuter. Grilla locken över kol tills de är lätt genomstekta.

b) Garnera med Edamame.

3.Brunt ris & grillad grönsak

INGREDIENSER:

- 1½ kopp brunt ris
- 4 st Zucchini, halverad på längden
- 1 stor rödlök, skuren på tvären i 3 tjocka segment
- ¼ kopp olivolja, plus...
- ⅓ kopp olivolja
- 5 matskedar sojasås
- 3 msk Worcestershiresås
- 1½ kopp Mesquite träflis blötlagda i kallt vatten i 1 timme (valfritt)
- 2 koppar färska majskärnor
- ⅔ kopp färsk apelsinjuice
- 1 msk färsk citronsaft
- ½ kopp Tärnad italiensk persilja

INSTRUKTIONER:

a) Koka ris i en stor kastrull med kokande saltat vatten tills det precis är mjukt, cirka 30 minuter
b) Dränera väl. Låt svalna till rumstemperatur.
c) Blanda ¼ kopp olja, 2 msk sojasås och 2 msk Worcestershiresås; häll över zucchini- och löksegment i en grund form. Låt marinera 30 minuter, rotera grönsakerna en gång under denna tid.
d) Klar grill (måttlig -hög värme). När kolen blir vita, töm av mesquitespån (om den används) och strö över kolen. När chips börjar ryka, lägg lök och zucchini på grillen, krydda med salt och peppar
e) Täck över och koka tills de är mjuka och bruna (cirka 8 minuter), rotera då och då och pensla med saltlake. Ta ut grönsaker från grillen.
f) Skär löksegment i fjärdedelar och zucchini i 1-tums bitar. Lägg i en portionsform med kylt ris och majs.
g) Vispa samman apelsinjuice, citronsaft, ⅓ kopp olja, 3 msk sojasås och 1 msk Worcestershiresås. Häll 1 kopp dressing över salladen och blanda till Mix. Rör ner persilja och smaka av med salt och peppar.
h) Servera sallad med extra dressing vid sidan av.

4. Avokado Och Wehani Rissallad

INGREDIENSER:
- 1 kopp Wehani ris
- 3 mogna plommontomater; kärnade och tärnade
- ¼ kopp Tärnad rödlök
- 1 liten Jalapenopeppar; kärnade och tärnade
- ¼ kopp fint tärnad koriander
- ¼ kopp extra virgin olivolja
- 1 msk limejuice
- ⅛ tesked selleri frö
- Salt och peppar; att smaka
- 1 mogen avokado
- Blandade babygrönt

INSTRUKTIONER:
a) Koka Wehani-ris enligt instruktionerna på förpackningen
b) Bred ut på plåt för att svalna.
c) Blanda ris med tomater, rödlök, jalapenopeppar och koriander i en stor skål. Tillsätt extra virgin olivolja, limejuice och sellerifrö. Krydda med salt och peppar
d) För att servera, skala och segmentera avokadon. Ordna segment över blandade babygrönt.
e) Sked Wehani rissallad över avokado. Garnera med grillade grönsaker om så önskas.

5. Ruccola Och Grillad Grönsakssallad

INGREDIENSER:

- 1½ kopp olivolja
- ¼ kopp citronsaft
- ¼ kopp balsamvinäger
- ¼ kopp Färska örter; lika delar persilja, rosmarin, salvia, timjan & oregano
- 4 streck tabascosås
- Salta & peppra efter smak
- 2 röda paprika; halveras
- 3 plommontomater; halveras
- 2 måttliga s Rödlökar
- 1 liten aubergine; Segmenterad 1/2" tjock
- 10 knappsvampar
- 10 små röda potatisar; kokta
- ⅓ kopp olivolja
- Salta & peppra efter smak
- 3 klasar ruccola; tvättad & torkad
- 1 pund mozzarella; tunt segmenterad
- 1 kopp svart oliv; urkärnade

INSTRUKTIONER:

a) Blanda olivolja, citronsaft, vinäger, örter, tabascosås och salt och peppar i en måttlig maträtt; vispa sedan ihop väl. Avsätta.

b) Lägg paprika, tomater, lök, aubergine, svamp och potatis i en mycket stor form. Tillsätt olivoljan, salt och peppar; blanda sedan väl för att täcka grönsakerna med oljan.

c) Grilla grönsakerna över en måttlig varm eld tills de fått fin färg, 4 till 6 minuter på varje sida. Ta ut från grillen och skär i lagom stora bitar så fort den är tillräckligt kall för att hantera.

d) Gör en bädd av ruccolan på ett stort, grunt fat. Lägg de grillade grönsakerna ovanpå ruccolan, toppa med mozzarella och oliver och servera med dressingen bredvid.

6.Grillad Squash Och Zucchini

INGREDIENSER:
- ¼ kopp olivolja
- 1 msk finhackad vitlök
- ¼ kopp Finhackad färsk chilipeppar av
- Ditt val
- 2 msk Cominofrö
- Salta och peppra efter smak
- 2 måttliga s Zucchini, skuren på längden
- 2 måttliga s Sommarsquash, klippt
- ¼ kopp olivolja
- ⅓ kopp färsk limejuice
- 3 matskedar honung
- ¼ kopp Grovt tärnad färsk koriander
- Salta och peppra efter smak

INSTRUKTIONER:

a) Gör dressingen: Vispa ihop alla ingredienser i en liten skål och lägg åt sidan.

b) Blanda olivolja, vitlök, chilipeppar och cominofrön i en måttlig maträtt och blanda väl. Tillsätt squash- och zucchiniplankorna och blanda väl så att squashen täcks helt av blandningen.

c) Placera squasherna på grillen över en måttlig varm eld och stek i cirka 3 minuter på varje sida, eller upp tills de fått fin färg. Ta ut squashen från grillen, lägg på ett fat, skvätta över dressingen och servera.

7.Grillad Ekollon Squash Och Sparris

INGREDIENSER:

- 4 Ekollon squash
- Salt; att smaka
- Peppar; att smaka
- 4 rosmarinkvistar
- 4 matskedar Lök; mald
- 4 matskedar selleri; mald
- 4 matskedar morötter; mald
- 4 matskedar olivolja
- 2 dl grönsaksfond
- 1 pund Quinoa; tvättas
- 2 pund Färska vilda svampar
- 2 pund penna sparris

INSTRUKTIONER:

a) Gnid in acorn squash med salt, peppar, olja och rosmarin kraftigt, inuti.

b) Grilla med framsidan nedåt i 8 minuter. Vänd, lägg rosmarin inuti och koka under lock i 20 minuter.

c) I en gryta, lägg lök, selleri, morötter och 1 msk olivolja och koka. Tillsätt fond och quinoa och låt koka upp. Täck ordentligt och låt sjuda i 10 minuter. Avtäck squash, lägg quinoablandningen inuti squashen och täck över. Koka i ytterligare 10 minuter.

d) Blanda lätt svamp och sparris med olivolja, salt och peppar. Grilla i 3 minuter på varje sida. Servera squash med quinoa inuti och ha svamp och sparris flytande runt.

8.Grillad Sparris Och Tomater

INGREDIENSER:
- 12 uns sparris, putsad
- 6 mogna tomater, halverade
- 3 matskedar olivolja
- Salt och peppar
- 1 vitlöksklyfta, finhackad
- 1 msk senap
- 3 msk balsamvinäger
- ⅓ kopp olivolja
- Salt och peppar

INSTRUKTIONER:

a) Värm grillpanna över medelhög värme. Blanda sparris med olivolja och salt och peppar i en stor form. Pensla tomaterna med resterande olivolja i formen. Grilla sparris och tomater var för sig tills de är mjuka men inte faller isär.

b) I en maträtt Blanda vitlök, senap, balsamvinäger och olivolja med en visp eller stavmixer. Smaka av med salt och peppar

c) Servera grillade grönsaker stänk ed med vinägrett.

9.Grillad aubergine och halloumisallad

INGREDIENSER:
- 1 stor aubergine, skivad i rundor
- 8 oz halloumi ost, skivad
- 2 matskedar olivolja
- 2 msk balsamvinäger
- 2 vitlöksklyftor, hackade
- Salta och peppra efter smak
- Blandad grönsallad
- Körsbärstomater, halverade
- Kalamata oliver, urkärnade

INSTRUKTIONER:
a) Värm grillen till medelhög värme.
b) Pensla aubergineskivor och halloumiostskivor med olivolja på båda sidor.
c) Grilla aubergineskivorna i 3-4 minuter per sida tills de är mjuka och grillmärken syns.
d) Grilla halloumiostskivorna 1-2 minuter per sida, tills de är lätt gyllene och grillmärken syns.
e) I en liten skål, vispa ihop balsamvinäger, hackad vitlök, salt och peppar.
f) Lägg upp blandade grönsaker på ett serveringsfat. Toppa med grillade aubergineskivor, grillade halloumiostskivor, körsbärstomater och Kalamata-oliver.
g) Ringla balsamicodressing över salladen.
h) Servera omedelbart som en smakrik och mättande grillad grönsakssallad.

10. Grillad grönsaks- och halloumiquinoaskål

INGREDIENSER:
- 1 kopp quinoa, kokt
- 1 zucchini, skivad på längden
- 1 gul squash, skivad på längden
- 1 rödlök, skivad i rundor
- 1 röd paprika, kärnad och tärnad i fjärdedelar
- 1 gul paprika, kärnad och tärnad i fjärdedelar
- 8 oz halloumi ost, skivad
- 2 matskedar olivolja
- Salta och peppra efter smak
- Grekisk yoghurt tahinidressing
- Färsk persilja, hackad (för garnering)

INSTRUKTIONER:
a) Värm grillen till medelhög värme.
b) Pensla zucchini, gul squash, rödlök, paprika och halloumiost med olivolja. Krydda med salt och peppar.
c) Grilla grönsaker och halloumiost 3-4 minuter per sida, tills de är möra och grillmärken syns.
d) Ta bort från grillen och låt svalna något. Hacka grönsaker och halloumi i lagom stora bitar.
e) I en skål, kombinera kokt quinoa, grillade grönsaker och halloumiost.
f) Ringla över grekisk yoghurttahinidressing och rör om.
g) Garnera med hackad färsk persilja innan servering.

11. Grillad Portobello-svamp och spenatsallad

INGREDIENSER:
- 4 stora portobellosvampar, stjälkarna borttagna
- 6 dl babyspenatblad
- 1 dl körsbärstomater, halverade
- 1/4 kopp rödlök, tunt skivad
- 1/4 kopp smulad fetaost
- 2 msk balsamvinäger
- 2 matskedar olivolja
- 1 vitlöksklyfta, finhackad
- Salta och peppra efter smak

INSTRUKTIONER:
a) Värm grillen till medelhög värme.
b) Pensla portobellosvampen med olivolja och smaka av med salt och peppar.
c) Grilla champinjonerna i 4-5 minuter per sida tills de är mjuka och grillmärken syns.
d) Ta bort svampen från grillen och låt svalna något. Skär i strimlor.
e) I en stor skål, kombinera babyspenatblad, körsbärstomater, rödlök och smulad fetaost.
f) I en liten skål, vispa ihop balsamvinäger, olivolja, hackad vitlök, salt och peppar.
g) Lägg grillade portobellosvampskivor i skålen med salladen.
h) Ringla balsamicodressing över salladen och blanda ihop.
i) Servera direkt som en läcker och näringsrik grillad grönsakssallad.

GRILLADE BJÄLJUNG- OCH SALLADER

12. Grillad grönsaks- och couscoussallad

INGREDIENSER:
- 1 kopp couscous, kokt
- 1 zucchini, skivad på längden
- 1 gul squash, skivad på längden
- 1 rödlök, skivad i rundor
- 1 röd paprika, kärnad och tärnad i fjärdedelar
- 1 gul paprika, kärnad och tärnad i fjärdedelar
- 1 kopp körsbärstomater
- 2 matskedar olivolja
- 2 msk balsamvinäger
- 1 msk färsk citronsaft
- 1 vitlöksklyfta, finhackad
- Salta och peppra efter smak
- Färska basilikablad, hackade (för garnering)

INSTRUKTIONER:
a) Värm grillen till medelhög värme.
b) Pensla zucchini, gul squash, rödlök och paprika med olivolja. Krydda med salt och peppar.
c) Grilla grönsakerna i 3-4 minuter per sida, tills de är mjuka och grillmärken syns.
d) Ta bort grönsakerna från grillen och låt svalna något. Skär i lagom stora bitar.
e) I en stor skål, kombinera kokt couscous, grillade grönsaker och körsbärstomater.
f) I en liten skål, vispa ihop balsamvinäger, citronsaft, hackad vitlök, salt och peppar.
g) Ringla dressing över salladen och blanda ihop.
h) Garnera med hackade färska basilikablad före servering.

13. Grillad majssallad

INGREDIENSER:
- 1 1/2 tsk olivolja
- 1/2 tsk salt
- 4 ax majs
- 1/4 tsk peppar
- 2 msk limejuice
- 1/8 tsk vitlökspulver
- 1 1/2 tsk olivolja
- 1 kopp tärnad tomat
- 2 tsk socker
- 1 dl tärnad gurka, kärnad och skalad

INSTRUKTIONER:
a) Tröja majs med 1 1/2 tsk olivolja
b) Grilla majs i 20 minuter tills den fått lite färg.
c) Vispa ihop limejuice, olivolja, socker, salt, peppar och vitlökspulver. Häll i majs, tomat och gurka.
d) Blanda väl och servera salladen.

14. Grillade konfetti grönsaker

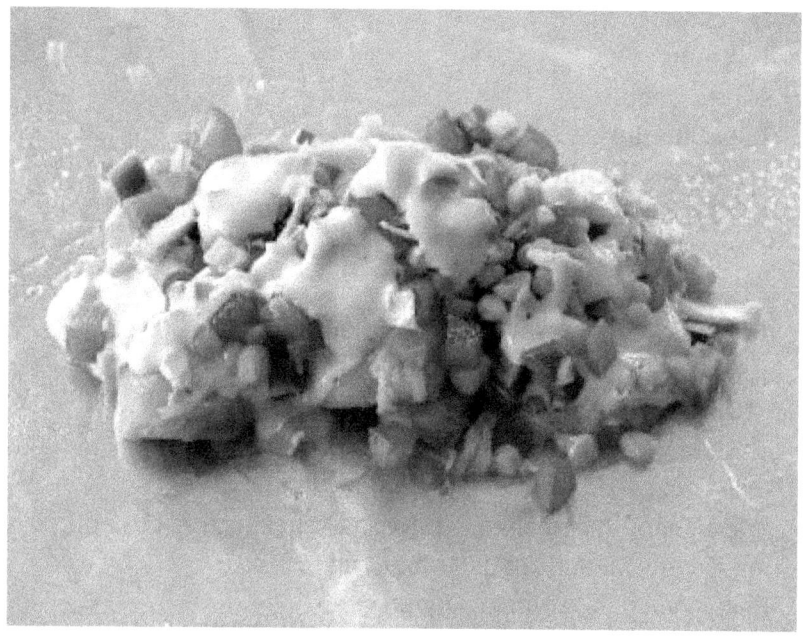

INGREDIENSER:
- 8 körsbärstomater; - halverad, upp till 10
- 1½ kopp majs skuren från kolv
- 1 söt röd paprika; julienned
- ½ måttlig grön paprika; julienned
- 1 liten lök; Segmenterad
- 1 matsked Färska basilikablad; tärnad
- ¼ tesked Rivet citronskal
- Salt och peppar; att smaka
- 1 matsked + 1 tesked osaltat smör eller; margarin; skurna i

INSTRUKTIONER:
a) Blanda alla ingredienser utom smör i en stor skål; blanda försiktigt för att blanda väl. Dela grönsaksblandningen på mitten. Placera varje halva i mitten av en 12 x 12" bit kraftig aluminiumfolie. Prick grönsaker med smör

b) För ihop hörnen av folie för att bilda en pyramid; vrid för att täta.

c) Grilla foliepaket över måttliga glödande kol i 15 till 20 minuter, eller tills grönsakerna är mjuka. Servera omedelbart.

15. Grillad grönsaks- och kikärtssallad

INGREDIENSER:

- 1 zucchini, skivad på längden
- 1 gul squash, skivad på längden
- 1 rödlök, skivad i rundor
- 1 röd paprika, kärnad och tärnad i fjärdedelar
- 1 gul paprika, kärnad och tärnad i fjärdedelar
- 1 burk (15 oz) kikärter, avrunna och sköljda
- 2 matskedar olivolja
- Salta och peppra efter smak
- Citronörtsdressing
- Blandad grönsallad

INSTRUKTIONER:

a) Värm grillen till medelhög värme.
b) Pensla zucchini, gul squash, rödlök och paprika med olivolja. Krydda med salt och peppar.
c) Grilla grönsakerna i 3-4 minuter per sida, tills de är mjuka och grillmärken syns.
d) Ta bort från grillen och låt svalna något. Skär grönsakerna i lagom stora bitar.
e) Kombinera grillade grönsaker och kikärter i en stor skål.
f) Blanda med citronörtsdressing tills den är väl täckt.
g) Servera över blandad grönsallad.

16.Grillad Portobello-svamp och Quinoasallad

INGREDIENSER:

- 4 stora portobellosvampar, stjälkarna borttagna
- 1 kopp quinoa, kokt
- 1 röd paprika, tärnad
- 1 gul paprika, tärnad
- 1/4 kopp hackad färsk persilja
- 2 msk balsamvinäger
- 2 matskedar olivolja
- 1 vitlöksklyfta, finhackad
- Salta och peppra efter smak

INSTRUKTIONER:

a) Värm grillen till medelhög värme.
b) Pensla portobellosvampen med olivolja och smaka av med salt och peppar.
c) Grilla champinjonerna i 4-5 minuter per sida tills de är mjuka och grillmärken syns.
d) Ta bort svampen från grillen och låt svalna något. Skär i strimlor.
e) I en stor skål, kombinera kokt quinoa, tärnad röd paprika, tärnad gul paprika och hackad färsk persilja.
f) I en liten skål, vispa ihop balsamvinäger, olivolja, hackad vitlök, salt och peppar.
g) Lägg grillade portobellosvampskivor i skålen med quinoasalladen.
h) Ringla balsamicodressing över salladen och blanda ihop.
i) Servera varm eller rumstemperatur som en rejäl och näringsrik grillad grönsakssallad.

17.Grillad majs och svarta bönor sallad

INGREDIENSER:
- 2 majsax, skalade
- 1 burk (15 oz) svarta bönor, sköljda och avrunna
- 1 röd paprika, tärnad
- 1/2 rödlök, tärnad
- 1/4 kopp hackad färsk koriander
- Saft av 1 lime
- 2 matskedar olivolja
- Salta och peppra efter smak

INSTRUKTIONER:
a) Värm grillen till medelhög värme.
b) Lägg majsen på grillen och koka, vänd då och då, tills kärnorna är förkolnade och mjuka, cirka 10-12 minuter.
c) Ta bort majsen från grillen och låt svalna något. Skär bort kärnorna från kolven och lägg i en stor skål.
d) Tillsätt svarta bönor, tärnad röd paprika, tärnad rödlök och hackad färsk koriander i skålen med majs.
e) I en liten skål, vispa ihop limejuice, olivolja, salt och peppar. Häll över salladen och blanda ihop.
f) Servera omedelbart eller kyl i kylen så att smakerna smälter ihop innan servering.

18. Grillad grönsaks- och linssallad med quinoa

INGREDIENSER:
- 1 dl quinoa, sköljd
- 2 dl vatten eller grönsaksbuljong
- 1 dl gröna linser, sköljda
- 2 koppar blandade grönsaker (som paprika, zucchini, körsbärstomater)
- 2 matskedar olivolja
- Salta och peppra efter smak
- Till dressingen:
- 1/4 kopp olivolja
- 2 msk balsamvinäger
- 1 msk dijonsenap
- 1 vitlöksklyfta, finhackad
- Salta och peppra efter smak
- Färsk persilja eller basilika för garnering (valfritt)

INSTRUKTIONER:
a) Koka upp vatten eller grönsaksbuljong i en medelstor kastrull. Tillsätt quinoa, sänk värmen till låg, täck över och låt sjuda i 15 minuter, eller tills quinoan är kokt och vätskan absorberas. Ta av från värmen och låt stå i 5 minuter och fluffa sedan med en gaffel.
b) Koka upp vattnet i en annan medelstor kastrull. Tillsätt linser, sänk värmen till låg, täck över och låt sjuda i 20-25 minuter, eller tills linserna är mjuka men inte mosiga. Häll av allt överflödigt vatten och ställ åt sidan.
c) Värm grillen till medelhög värme. Blanda blandade grönsaker med olivolja, salt och peppar.
d) Grilla grönsakerna i 3-4 minuter per sida, eller tills de är mjuka och lätt förkolnade. Ta bort från grillen och låt dem svalna något.
e) I en stor skål, kombinera kokt quinoa, kokta linser och grillade grönsaker.
f) I en liten skål, vispa ihop ingredienserna till dressingen. Häll över salladen och rör om så att den blir jämn.
g) Garnera med färsk persilja eller basilika om så önskas. Servera varm eller i rumstemperatur.

19. Grillad kikärts- och couscoussallad

INGREDIENSER:
- 1 kopp couscous
- 1 1/4 dl grönsaksbuljong eller vatten
- 1 burk (15 oz) kikärter, avrunna och sköljda
- 2 matskedar olivolja
- 1 tsk malen spiskummin
- 1 tsk rökt paprika
- Salta och peppra efter smak
- 1 röd paprika, tärnad
- 1 gul paprika, tärnad
- 1/4 kopp hackad färsk koriander
- Saften av 1 citron
- Skal av 1 citron

INSTRUKTIONER:
a) Koka upp grönsaksbuljong eller vatten i en medelstor kastrull. Tillsätt couscous, täck över och ta bort från värmen. Låt stå i 5 minuter och fluffa sedan med en gaffel.
b) Värm grillen till medelhög värme. I en skål, släng kikärter med olivolja, mald spiskummin, rökt paprika, salt och peppar.
c) Grilla kikärter i 10-12 minuter, rör om då och då, tills de är knapriga och lätt förkolnade.
d) I en stor skål, kombinera kokt couscous, grillade kikärter, tärnad röd paprika, tärnad gul paprika, hackad färsk koriander, citronsaft och citronskal.
e) Blanda för att kombinera och justera krydda om det behövs. Servera varm eller i rumstemperatur.

20.Tofu och brunt rissallad med Edamame

INGREDIENSER:
- 1 block (14 oz) extra fast tofu, pressad och dränerad
- 1 kopp kokt brunt ris
- 1 kopp skalad edamame, kokt
- 2 koppar blandad grönsallad
- 1 msk sesamolja
- 2 msk sojasås eller tamari
- 1 msk risvinäger
- 1 msk honung eller lönnsirap
- 1 tsk riven ingefära
- 1 vitlöksklyfta, finhackad
- Salta och peppra efter smak
- Sesamfrön till garnering

INSTRUKTIONER:
a) Värm grillen till medelhög värme. Skär pressad tofun i tärningar.
b) I en skål, vispa ihop sesamolja, sojasås, risvinäger, honung eller lönnsirap, riven ingefära, hackad vitlök, salt och peppar.
c) Kasta tofukuber i marinaden och se till att de är jämnt belagda. Låt marinera i 15-20 minuter.
d) Grilla marinerade tofutärningar i 3-4 minuter per sida tills de är lätt förkolnade.
e) I en stor skål, kombinera kokt brunt ris, kokt edamame, blandade salladsgrönsaker och grillade tofukuber.
f) Ringla över eventuell återstående marinad och blanda ihop. Garnera med sesamfrön. Servera varm eller i rumstemperatur.

21.Grönsaks- och Farrosallad med vita bönor

INGREDIENSER:
- 1 kopp farro, sköljd
- 2 dl grönsaksbuljong eller vatten
- 1 burk (15 oz) vita bönor, avrunna och sköljda
- 2 matskedar olivolja
- 1 msk balsamvinäger
- 1 tsk torkad timjan
- Salta och peppra efter smak
- 2 koppar blandade grillade grönsaker (som aubergine, zucchini, paprika, körsbärstomater)
- 1/4 kopp hackad färsk persilja

INSTRUKTIONER:
a) Koka upp grönsaksbuljong eller vatten i en medelstor kastrull. Tillsätt farro, sänk värmen till låg, täck över och låt sjuda i 25-30 minuter, eller tills farro är mjuk. Häll av eventuell överflödig vätska och låt den svalna något.
b) I en stor skål, vispa ihop olivolja, balsamvinäger, torkad timjan, salt och peppar.
c) Kasta kokta farro och vita bönor i vinägretten tills de är jämnt belagda.
d) Värm grillen till medelhög värme. Blanda blandade grillade grönsaker med olivolja, salt och peppar.
e) Grilla grönsakerna i 3-4 minuter per sida, eller tills de är mjuka och lätt förkolnade. Ta bort från grillen och låt dem svalna något.
f) Tillsätt grillade grönsaker och hackad färsk persilja i skålen med farro och de vita bönorna. Kasta för att kombinera. Servera varm eller i rumstemperatur.

22.Grillad kikärts- och bulgursallad

INGREDIENSER:
- 1 dl bulgurvete
- 1 ½ dl grönsaksbuljong eller vatten
- 1 burk (15 oz) kikärter, avrunna och sköljda
- 2 matskedar olivolja
- 1 tsk malen spiskummin
- 1 tsk rökt paprika
- Salta och peppra efter smak
- 1 röd paprika, tärnad
- 1 gul paprika, tärnad
- 1 gurka, tärnad
- 1/4 kopp hackad färsk persilja
- Saften av 1 citron
- 2 msk rödvinsvinäger

INSTRUKTIONER:
a) Koka upp grönsaksbuljong eller vatten i en medelstor kastrull. Tillsätt bulgurvete, täck över och låt sjuda i 10-12 minuter, eller tills det är mjukt. Ta bort från värmen och låt svalna något.
b) Värm grillen till medelhög värme. I en skål, släng kikärter med olivolja, mald spiskummin, rökt paprika, salt och peppar.
c) Grilla kikärter i 10-12 minuter, rör om då och då, tills de är knapriga och lätt förkolnade.
d) I en stor skål, kombinera kokt bulgurvete, grillade kikärtor, tärnad röd paprika, tärnad gul paprika, tärnad gurka, hackad färsk persilja, citronsaft och rödvinsvinäger.
e) Blanda för att kombinera och justera krydda om det behövs. Servera varm eller i rumstemperatur.

23.Lins- och kornsallad med rostade grönsaker

INGREDIENSER:
- 1 kopp korn
- 2 dl grönsaksbuljong eller vatten
- 1 dl gröna linser, sköljda
- 3 koppar blandade grönsaker (som morötter, paprika, rödlök)
- 2 matskedar olivolja
- Salta och peppra efter smak
- 1/4 kopp hackad färsk basilika eller persilja
- Balsamvinägrettdressing

INSTRUKTIONER:
a) Koka upp grönsaksbuljong eller vatten i en medelstor kastrull. Tillsätt korn, sänk värmen till låg, täck över och låt sjuda i 30-35 minuter, eller tills det är mjukt. Ta bort från värmen och låt svalna något.
b) Värm grillen till medelhög värme. Blanda blandade grönsaker med olivolja, salt och peppar.
c) Grilla grönsakerna i 4-5 minuter per sida, eller tills de är mjuka och lätt förkolnade. Ta bort från grillen och låt dem svalna något.
d) I en separat kastrull, kombinera gröna linser med tillräckligt med vatten för att täcka med 2 tum. Koka upp, sänk sedan värmen och låt sjuda i 20-25 minuter, eller tills det är mjukt men inte mosigt. Häll av eventuellt överflödigt vatten och låt dem svalna något.
e) I en stor skål, kombinera kokt korn, kokta linser, grillade grönsaker, hackad färsk basilika eller persilja och balsamvinägrettdressing. Kasta för att kombinera. Servera varm eller i rumstemperatur.

GRILLADE FRUKTSALADER

24.Grillad päron- och ädelostsallad

INGREDIENSER:
- 30 gram smör; (1 uns)
- 4 Mjuka dessertpäron
- 175 gram Dolcelatte ost; (6 uns)
- Blandade salladsblad
- Salt och svartpeppar
- Vinägrett

INSTRUKTIONER:
a) Förvärm grillen.
b) Smält smöret och krydda lätt. Halvera päronen, ta ut kärnorna och skär fruktköttet i fläktar, lämna stjälkändarna oskära.
c) Tryck försiktigt på fläktarna för att platta till frukten och pensla med kryddsmöret.
d) Koka under grillen tills den fått färg.
e) Segmentera eller tärna osten och dela bitarna mellan päronen, lägg osten långsamt ovanpå.
f) Återställ till värmen och koka upp tills osten bubblar.
g) Klä under tiden bladen och arrangera några på var och en av de fyra tallrikarna.
h) Lyft långsamt upp päronen från grillpannan och lägg 2 halvor på varje tallrik sallad. Krydda med salt och peppar och servera vidare

25. Grillad vattenmelonsallad

INGREDIENSER:
- 4 tjocka skivor vattenmelon, skalet avlägsnat
- 4 koppar ruccola
- ½ kopp smulad fetaost
- ¼ kopp hackade myntablad
- ¼ kopp balsamicoglasyr

INSTRUKTIONER:
a) Förvärm grillen till hög värme.
b) Grilla vattenmelonskivorna i 1-2 minuter på varje sida tills de är lätt förkolnade.
c) Lägg ruccola på ett serveringsfat.
d) Toppa med grillade vattenmelonskivor, smulad fetaost och hackade myntablad.
e) Ringla över balsamicoglasyr och servera.

26. Grillad persika och ruccolasallad

INGREDIENSER:
- 3 persikor, halverade och urkärnade
- 4 koppar ruccola
- ¼ kopp hackad färsk mynta
- ¼ kopp smulad fetaost
- 2 msk balsamvinäger
- 2 matskedar olivolja
- Salt och svartpeppar

INSTRUKTIONER:
a) Förvärm grillen till medelhög värme.
b) Pensla persikohalvorna med olivolja och smaka av med salt och svartpeppar.
c) Grilla persikohalvorna i 2-3 minuter på varje sida eller tills grillmärken syns.
d) Ta bort från grillen och låt svalna.
e) Skär de grillade persikorna i lagom stora bitar.
f) I en stor skål, kombinera ruccola, grillade persikabitar, hackad mynta och smulad fetaost.
g) I en liten skål, vispa ihop balsamvinäger och olivolja.
h) Ringla balsamvinägretten över salladen och blanda ihop.
i) Krydda med salt och svartpeppar efter smak.
j) Servera omedelbart.

27. Grillad ananas och avokadosallad

INGREDIENSER:
- 1 färsk ananas, skalad och urkärnad
- 2 avokado, urkärnade och skivade
- 4 koppar blandade gröna
- ¼ kopp hackad färsk koriander
- 2 msk limejuice
- 2 matskedar olivolja
- Salt och svartpeppar

INSTRUKTIONER:
a) Skär ananasen i 1-tums rundor.
b) Pensla ananasrundorna med olivolja och smaka av med salt och svartpeppar.
c) Förvärm grillen till medelhög värme.
d) Grilla ananasrundorna 2-3 minuter på varje sida eller tills de är lätt förkolnade.
e) Ta bort från grillen och låt svalna.
f) Skär den grillade ananasen i lagom stora bitar.
g) I en stor skål, kombinera de blandade gröna, grillade ananasbitar, skivad avokado och hackad koriander.
h) I en liten skål, vispa ihop limejuice och olivolja.
i) Ringla limedressingen över salladen och blanda ihop.
j) Krydda med salt och svartpeppar efter smak.
k) Servera omedelbart.

28. Grillad stenfruktsallad

INGREDIENSER:
- 2 persikor, halverade och urkärnade
- 2 nektariner, halverade och urkärnade
- 2 plommon, halverade och urkärnade
- 2 matskedar olivolja
- 1 msk honung
- 2 msk hackad färsk basilika
- 2 msk smulad getost
- Salt och svartpeppar

INSTRUKTIONER:
a) Förvärm grillen till medelhög värme.
b) Pensla de halverade stenfrukterna med olivolja.
c) Grilla stenfrukterna i 2-3 minuter på varje sida eller tills de är lätt förkolnade.
d) Ta bort från grillen och låt svalna.
e) Skär de grillade stenfrukterna i lagom stora bitar.
f) Kombinera de grillade stenfrukterna, honung, hackad basilika och smulad getost i en stor skål.
g) Krydda med salt och svartpeppar efter smak.
h) Servera kyld.

29. Grillad persika och torkad skinka sallad

INGREDIENSER:
- 4 persikor, halverade och urkärnade
- 4 skivor torkad skinka
- 4 dl babyspenat
- ¼ kopp smulad getost
- 2 matskedar olivolja
- 2 msk balsamicoglasyr
- Salt och svartpeppar

INSTRUKTIONER:
a) Förvärm grillen till medelhög värme.
b) Pensla persikohalvorna med olivolja och smaka av med salt och svartpeppar.
c) Grilla persikohalvorna i 2-3 minuter på varje sida eller tills de är lätt förkolnade.
d) Ta bort från grillen och låt svalna.
e) Linda en skiva torkad skinka runt varje persikohalva.
f) I en stor skål, kombinera babyspenaten, smulad getost och grillade persikohalvor.
g) Ringla balsamicoglasyr över salladen och blanda ihop.
h) Servera kyld.

30. Grillad ananas och räkor sallad

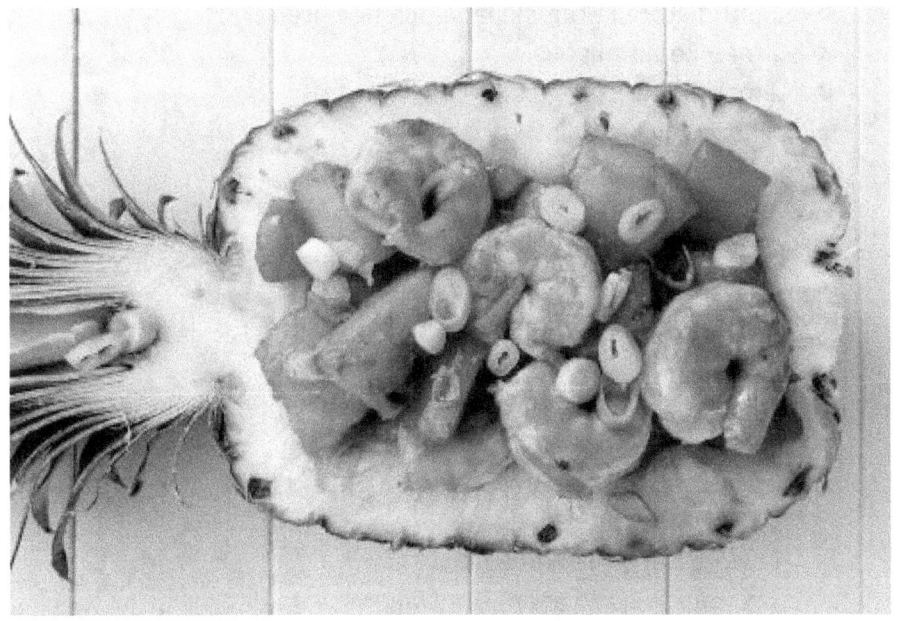

INGREDIENSER:
- 1 mogen ananas, skalad och skuren i bitar
- 1 pund stora räkor, skalade och deveirade
- 2 matskedar olivolja
- 2 msk limejuice
- ¼ kopp hackad färsk koriander
- Salt och svartpeppar

INSTRUKTIONER:
a) Förvärm grillen till medelhög värme.
b) Blanda olivolja, limejuice, hackad koriander, salt och svartpeppar i en liten skål.
c) Trä upp ananasbitarna och räkorna på spett.
d) Pensla spetten med oljeblandningen.
e) Grilla spetten i 2-3 minuter på varje sida eller tills räkorna är rosa och genomstekta.
f) Ta bort från grillen och låt svalna.
g) Skär den grillade ananasen i lagom stora bitar.
h) I en stor skål, kombinera den grillade ananasen, räkorna och eventuell återstående olivoljablandning.
i) Servera kyld.

31.Grillad fikon och halloumisallad

INGREDIENSER:

- 6 mogna fikon, halverade
- 8 uns halloumi ost, skivad
- 4 koppar blandade gröna
- ¼ kopp hackad färsk persilja
- ¼ kopp hackade valnötter
- 2 matskedar honung
- 2 matskedar olivolja
- 2 msk rödvinsvinäger
- Salt och svartpeppar

INSTRUKTIONER:

a) Förvärm grillen till medelhög värme.
b) Pensla fikonhalvorna och halloumiskivorna med olivolja och krydda med salt och svartpeppar.
c) Grilla fikonen och halloumin i 2-3 minuter på varje sida eller tills de är lätt förkolnade.
d) Ta bort från grillen och låt svalna.
e) I en stor skål, kombinera de blandade gröna, hackad persilja, hackade valnötter, grillade fikon och grillad halloumi.

32. Grillad mango salsa

INGREDIENSER:
- 2 mogna mango, skalade och tärnade
- ½ rödlök, finhackad
- 1 jalapeñopeppar, kärnad och finhackad
- ¼ kopp hackad färsk koriander
- 2 msk limejuice
- 1 msk olivolja
- Salt och svartpeppar

INSTRUKTIONER:
a) Förvärm grillen till medelhög värme.
b) Pensla mangobitarna med olivolja och smaka av med salt och svartpeppar.
c) Grilla mangobitarna 2-3 minuter på varje sida eller tills grillmärken syns.
d) Ta bort från grillen och låt svalna.
e) I en medelstor skål, kombinera den grillade mango, rödlök, jalapeñopeppar, koriander, limejuice och olivolja.
f) Krydda med salt och svartpeppar efter smak.
g) Servera med tortillachips eller som topping till grillad kyckling eller fisk.

33. Grillad fruktfat

INGREDIENSER:
- ½ kopp vit druvjuice
- ¼ kopp socker
- 1 ananas, skalad, urkärnad och skuren i ½ tum
- 2 mogna svarta eller lila plommon, halverade och stenade
- 2 mogna persikor, halverade och urkärnade
- 2 mogna bananer, halverade på längden

INSTRUKTIONER:

a) Förvärm grillen. Värm druvsaften och sockret i en liten kastrull på medelvärme under omrörning tills sockret lösts upp. Ta bort från värmen och ställ åt sidan för att svalna.

b) Överför frukten till den varma grillen och grilla i 2 till 4 minuter, beroende på frukten.

c) Lägg upp den grillade frukten på ett serveringsfat och ringla över sirapen. Servera i rumstemperatur.

34.Grillad curry färsk frukt

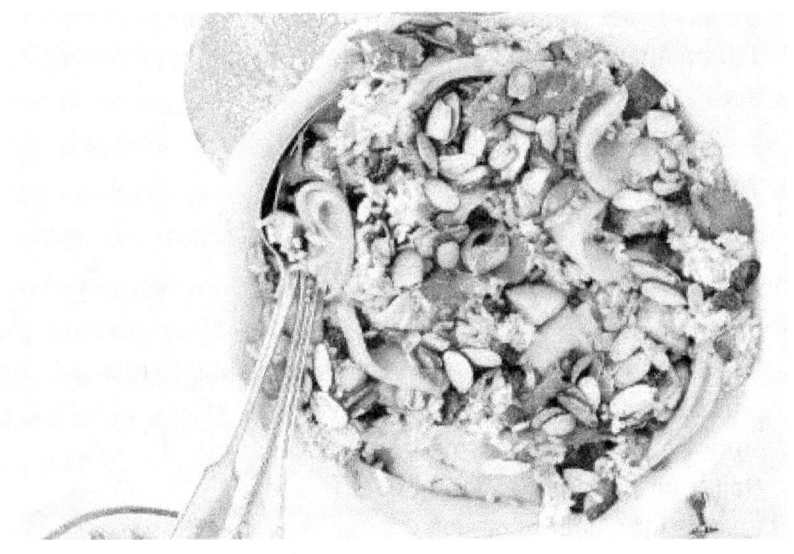

INGREDIENSER:
- Vaniljglass
- 1 kopp VARJE, cantaloupe och honungsmelonbollar
- 1 kopp ananastärningar, färska eller konserverade, avrunna
- 2 msk smör
- ¼ kopp packat farinsocker
- 1 msk currypulver

INSTRUKTIONER:
a) Ordna melonbollar och ananasbitar i en 8-tums fyrkantig foliepanna.
b) Häll 1 kopp vatten i en annan 8-tums fyrkantig foliepanna. Placera pannan med frukt i pannan med vatten. I en liten kastrull, smält smör på måttligt låg värme, rör ner socker och currypulver.
c) Häll smörblandningen jämnt över frukten
d) Placera kastruller på grillen.
e) Grilla på måttligt låg värme i 10-15 minuter eller upp tills såsen är bubblig

35.Mango chow

INGREDIENSER:
- ½ tsk havssalt
- ¼ tesked svartpeppar
- 6 vitlöksklyftor, skalade och tunt skivade
- 2 bananschalottenlök, skalade, halverade och tunt skivade
- 2 gröna mango
- 1 liten näve korianderblad, tvättade, torkade och hackade
- Saft av 1 citron eller lime
- 1 tsk vitvinsvinäger
- 1-2 chili, kärnade ur och tunt skivad

INSTRUKTIONER:
a) Lägg salt, peppar, vitlök och schalottenlök i en skål.
b) Skala mangon och skär i klyftor för att ta bort kärnan.
c) Skiva varje klyfta tunt och lägg i skålen med koriander, citron eller limejuice och vinäger.
d) Blanda väl med en sked för att förhindra att chilin bränner sig i händerna, smaka sedan av och justera kryddningen.
e) Servera genast eller låt vila i kylen minst en timme innan servering.

36. Grillad äppel- och getostsallad

INGREDIENSER:
- 2 äpplen, kärnade ur och skivade i klyftor
- 4 koppar blandad grönsallad
- 1/2 kopp smulad getost
- 1/4 kopp hackade valnötter, rostade
- 2 matskedar olivolja
- 1 msk balsamvinäger
- 1 tsk honung
- Salta och peppra efter smak

INSTRUKTIONER:
a) Värm grillen till medelhög värme. Pensla äppelklyftorna med olivolja och grilla i 2-3 minuter per sida, eller tills grillmärken syns.
b) I en liten skål, vispa ihop olivolja, balsamvinäger, honung, salt och peppar för att göra dressingen.
c) Lägg upp blandade grönsaker på ett serveringsfat. Toppa med grillade äppelklyftor, smulad getost och rostade valnötter.
d) Ringla dressingen över salladen. Servera omedelbart.

37. Grillad jordgubbs- och spenatsallad

INGREDIENSER:
- 2 dl färska jordgubbar, skalade och halverade
- 6 dl babyspenatblad
- 1/4 kopp skivad mandel, rostad
- 2 msk balsamvinäger
- 1 msk olivolja
- 1 tsk honung
- Salta och peppra efter smak

INSTRUKTIONER:
a) Värm grillen till medelhög värme. Trä jordgubbshalvor på spett.
b) Grilla jordgubbar i 2-3 minuter per sida, eller tills grillmärken syns.
c) I en liten skål, vispa ihop balsamvinäger, olivolja, honung, salt och peppar för att göra dressingen.
d) Lägg upp babyspenatblad på ett serveringsfat. Toppa med grillade jordgubbar och skivad mandel.
e) Ringla dressingen över salladen. Servera omedelbart.

38.Grillad citrusfruktsallad

INGREDIENSER:
- 2 apelsiner, skalade och skivade i skivor
- 2 grapefrukter, skalade och skivade i skivor
- 2 matskedar honung
- 1 msk olivolja
- 1 msk hackade färska myntablad
- Nypa havssalt

INSTRUKTIONER:
a) Värm grillen till medelhög värme. Pensla apelsin- och grapefruktskivorna med olivolja.
b) Grilla fruktskivorna i 1-2 minuter per sida, eller tills grillmärken syns.
c) Lägg upp grillad citrusfrukt på ett serveringsfat. Ringla över honung och strö över hackade färska myntablad och en nypa havssalt.
d) Servera omedelbart som en uppfriskande och levande sallad.

GRILLAD NÖT/FLÄSK/LAMMSALLAD

39. Grillad torkad skinka sallad

INGREDIENSER:

- ½ kopp olivolja
- 3 vitlöksklyftor; grovt tärnad
- 4 kvistar rosmarin
- 8 Uns; oxfilé
- Salt och nymalen svartpeppar
- 2 citroner; grillad
- 1 msk Grovt tärnad schalottenlök
- 1 msk Grovt tärnad färsk rosmarin
- 3 grillade vitlöksklyftor
- ½ kopp olivolja
- Salta och nymalen peppar
- 8 koppar Tärnad romainesallat
- Grillad citron - grillad vitlöksvinägrett
- 8 segment Torkad skinka; julienned
- 12 salladslökar; grillad och tärnad
- 2 röda tomater; tärnad
- 2 gula tomater; tärnad
- 1½ kopp smulad gorgonzola
- Grillad oxfilé; tärnad
- 4 hårdkokta ägg; skalade och tärnade
- 2 Haas avokado; skalad, urkärnad
- Tärnad gräslök
- 8 Klyftor grillad vitlök
- 2 Sticks osaltat smör; mjuknat
- Salta och nymalen peppar
- 16 segment italienskt bröd; Segmenterad 1/4-tum
- ¼ kopp Fintärnad persilja
- ¼ kopp fint tärnad oregano

Blanda olja, vitlök och rosmarin i en liten grund ugnsform. Tillsätt nötköttet och blanda till beläggning. Täck över och ställ i kylen i minst 2 timmar eller över natten. Låt stå i rumstemperatur i 30 minuter innan du grillar

Värm upp grillen. Ta ut nötköttet från saltlaken, krydda med salt och peppar efter smak och grilla i 4 till 5 minuter på varje sida för måttlig sällsynt stekhet.
Låt vila 10 minuter skär sedan i tärningar.

40. Grillad lamm- och limabönsallad

INGREDIENSER:
- 2 röda paprika
- ¾ kopp olivolja
- ¼ kopp balsamvinäger
- 1 matsked vitlök; mald
- ¼ kopp basilika; fint tärnad
- Salta & peppra efter smak
- 1 kopp Lima bönor; skalad
- 1 pund lamm; 1/2" kuber
- 1 gäng ruccola; tvättad & torkad
- 1 stor tomat; tärnade stora

a) Grilla paprikorna över en het eld, rulla runt dem för att koka jämnt, tills skalet är mycket mörkt och blåsigt. Ta ut från grillen, lägg i en brun papperspåse, knyt ihop påsen och låt paprikorna svalna i påsen i 20 minuter. Ta ut ur påsen, dra bort skalet och ta ut frön och stjälkar.

b) Lägg paprikorna i en matberedare eller mixer och . Med motorn fortfarande igång, tillsätt olivoljan i en jämn ström. Tillsätt balsamvinäger, vitlök och basilika och lägg sedan till Mix.

c) Krydda med salt och peppar och ställ sedan åt sidan.

d) Koka upp 2 koppar saltat vatten i en måttlig kastrull. Tillsätt limabönorna och koka tills de är mjuka men inte mosiga, 12 till 15 minuter. Häll av, häll i kallt vatten för att stoppa tillagningen, låt rinna av igen och lägg i en stor skål. (Om du använder ärter, tillaga bara 2 till 3 minuter, tills det är ljust grönt och mjukt.) 4. Krydda under tiden lammet med salt och peppar efter smak, sticka på spett och grilla över en het eld 3 till 4 minuter på varje sida .

e) Ta av från värmen och skjut av spetten.

f) Tillsätt lammet, ruccolan och tomaten i rätten som innehåller limabönorna. Rör om dressingen mycket väl, tillsätt precis tillräckligt för att fukta ingredienserna, blanda väl och servera.

41.T-bone Tostada sallad

INGREDIENSER:

- 8 rädisor, mycket tunt skivade
- 1 jalapeño, mycket tunt skivad
- ½ liten rödlök, tunt skivad
- 2 matskedar extra virgin olivolja
- 1 msk färsk limejuice
- Kosher salt och nymalen peppar
- Fried Tostada Shells eller 8 butiksköpta tostadas
- ½ kopp gräddfil
- 5 dl finstrimlad isbergssallad
- Spice-Rubbed T-Bone Steaks, tunt skivade
- 1/4 kopp korianderblad
- Limeklyftor, till servering

INSTRUKTIONER:

a) I en medelstor skål, blanda rädisorna med jalapeño, rödlök, olivolja och limejuice och smaka av med salt och peppar.
b) Ställ upp tostadaskalen på tallrikar och skeda gräddfilen ovanpå.
c) Täck med isbergssallad och skivad biff. Skeda rädisasalladen över biffen och strö över korianderbladen.
d) Servera med limeklyftor.

42.Biff lok lak

INGREDIENSER:
- 350 g nötkjolbiff, tunt skivad över spannmålen (eller använd ditt favoritsnitt)
- 3 matskedar sojasås
- 1 msk ostronsås
- 1 msk tomatketchup
- 1 tsk fisksås
- 2 vitlöksklyftor, skivade
- 2 nävar mjuka salladsblad
- 2 mogna tomater, skivade
- ¼ gurka, skivad
- 2 matskedar vegetabilisk olja
- 1 tsk majsmjöl, blandat till en pasta med 1 tsk kallt vatten
- ägg
- vårlök, tunt skivad nymalen svartpeppar

för dressingen
- 1 rågad tsk svartpepparkorn
- saft av 1 lime
- 1 tsk fisksås
- 1 tsk strösocker

INSTRUKTIONER:

a) Lägg nötköttsremsorna i en icke-metallisk skål och tillsätt sojasås, ostronsås, tomatketchup, fisksås, vitlök och en generös malning av svartpeppar.

b) Rör om noggrant för att blanda, täck med hushållsfilm och låt marinera i kylen i minst 2 timmar, eller helst över natten.

c) Gör dipsåsen genom att mala pepparkornen i en kryddkvarn eller mortelstöt tills de är finmalda. Blanda i limejuice, fisksås och socker, rör om väl tills sockret har löst sig. Avsätta.

d) Ordna sallad, tomat och gurka på 2 tallrikar.

e) Värm 1 msk olja i en wok tills det är rykande hett, häll sedan i nötköttet, fräs under omrörning i några minuter tills det nästan är kokt efter din smak. Rör snabbt igenom majsmjölspasta och tjockna på hög värme i ytterligare en minut. Stäng av värmen under woken och håll värmen.

f) Tillsätt den återstående oljan i en stekpanna och ställ på medelhög värme. När det är varmt, knäck i äggen och stek tills det är kokt efter eget tycke.

g) Lägg nötköttet ovanpå varje tallrik sallad och toppa med ett stekt ägg. Strö över vårlöken, ringla över dressingen och servera genast.

43.Grillad biffsallad med balsamvinägrett

INGREDIENSER:

- 1 lb flankstek eller ryggbiff
- Salta och peppra efter smak
- 6 dl blandad grönsallad
- 1 dl körsbärstomater, halverade
- 1/2 rödlök, tunt skivad
- 1/4 kopp smulad ädelost eller fetaost
- 1/4 kopp hackade valnötter, rostade
- För balsamvinägretten:
- 1/4 kopp balsamvinäger
- 1/3 kopp olivolja
- 1 msk dijonsenap
- 1 tsk honung
- Salta och peppra efter smak

INSTRUKTIONER:

a) Värm grillen till hög värme. Krydda biffen generöst med salt och peppar.
b) Grilla biff i 4-5 minuter per sida för medium-rare, eller tills önskad form är klar. Ta bort från grillen och låt den vila i 5 minuter innan du skär upp den.
c) I en liten skål, vispa ihop balsamvinäger, olivolja, dijonsenap, honung, salt och peppar för att göra vinägretten.
d) I en stor skål, släng blandade salladsgrönsaker, körsbärstomater och rödlökskivor med balsamvinägretten.
e) Lägg upp salladen på ett serveringsfat. Toppa med skivad grillad biff, smulad ost och rostade valnötter. Servera omedelbart.

44. Grillad fläskfilésallad med mangosalsa

INGREDIENSER:
- 1 lb fläskfilé
- Salta och peppra efter smak
- 6 dl blandad grönsallad
- 1 mango, tärnad
- 1/2 röd paprika, tärnad
- 1/4 rödlök, finhackad
- 1 jalapeñopeppar, kärnad och finhackad
- Saft av 1 lime
- 2 msk hackad färsk koriander
- 2 matskedar olivolja

INSTRUKTIONER:
a) Värm grillen till medelhög värme. Krydda fläskfilén med salt och peppar.
b) Grilla fläskfilé i 15-20 minuter, vänd då och då, tills innertemperaturen når 145°F (63°C). Ta bort från grillen och låt den vila i 5 minuter innan du skär upp den.
c) I en skål, kombinera tärnad mango, tärnad röd paprika, hackad rödlök, hackad jalapeñopeppar, limejuice, hackad koriander och olivolja för att göra mangosalsan.
d) Lägg upp blandade grönsaker på ett serveringsfat. Toppa med skivad grillad fläskfilé och mangosalsa. Servera omedelbart.

45. Grillad lammsallad med grekisk yoghurtdressing

INGREDIENSER:
- 1 lb lammkotletter eller lammrygg
- Salta och peppra efter smak
- 6 dl blandad grönsallad
- 1 gurka, tärnad
- 1 dl körsbärstomater, halverade
- 1/4 kopp smulad fetaost
- För den grekiska yoghurtdressingen:
- 1/2 kopp grekisk yoghurt
- 2 msk citronsaft
- 1 msk olivolja
- 1 vitlöksklyfta, finhackad
- 1 msk hackad färsk dill
- Salta och peppra efter smak

INSTRUKTIONER:
a) Värm grillen till medelhög värme. Krydda lammkotletter eller lammrygg med salt och peppar.
b) Grilla lammkotletter eller lammfilé i 3-4 minuter per sida för medium-rare, eller tills önskad form är klar. Ta bort från grillen och låt dem vila i 5 minuter innan du skär upp dem.
c) I en liten skål, vispa ihop grekisk yoghurt, citronsaft, olivolja, hackad vitlök, hackad färsk dill, salt och peppar för att göra dressingen.
d) Lägg upp blandade grönsaker på ett serveringsfat. Toppa med tärnad gurka, halverade körsbärstomater och smulad fetaost.
e) Lägg skivat grillat lamm över salladen och ringla över grekisk yoghurtdressing. Servera omedelbart.

46. Grillad nötköttsallad med chimichurrisås

INGREDIENSER:
- 1 lb nötkjolbiff eller flankstek
- Salta och peppra efter smak
- 6 dl blandad grönsallad
- 1 dl skivad paprika (olika färger)
- 1/2 rödlök, tunt skivad
- 1/4 kopp hackad färsk persilja
- Till chimichurrisåsen:
- 1 dl färska bladpersilja
- 1/4 kopp färska korianderblad
- 3 vitlöksklyftor
- 1/4 kopp rödvinsvinäger
- 1/2 kopp olivolja
- Salta och peppra efter smak

INSTRUKTIONER:
a) Värm grillen till medelhög värme. Krydda biffstek eller flankstek med salt och peppar.
b) Grilla biff i 4-5 minuter per sida för medium-rare, eller tills önskad form är klar. Ta bort från grillen och låt den vila i 5 minuter innan du skär upp den.
c) I en matberedare, kombinera färska bladpersilja, färska korianderblad, vitlök, rödvinsvinäger, olivolja, salt och peppar. Pulsera tills det är väl blandat för att göra chimichurrisåsen.
d) Lägg upp blandade grönsaker på ett serveringsfat. Toppa med skivad paprika, tunt skivad rödlök och hackad färsk persilja.
e) Skiva grillat nötkött och lägg över salladen. Ringla chimichurrisås över köttet och salladen. Servera omedelbart.

47.Grillad biff och tomatsallad

INGREDIENSER:
- 1 lb flankstek eller ryggbiff
- Salta och peppra efter smak
- 2 matskedar olivolja
- 4 stora tomater, skivade
- 4 koppar blandad grönsallad
- 1/4 kopp smulad ädelost
- Balsamvinägrettdressing

INSTRUKTIONER:
a) Värm grillen till hög värme. Krydda steken med salt, peppar och olivolja.
b) Grilla biff i 4-5 minuter per sida för medium-rare, eller tills önskad form är klar. Låt den vila i 5 minuter innan du skär upp den.
c) Lägg upp blandade grönsaker och skivade tomater på ett serveringsfat.
d) Skiva den grillade biffen tunt mot säden och lägg ovanpå salladen.
e) Strö smulad ädelost över salladen.
f) Ringla över balsamvinägrettdressing. Servera omedelbart.

48.Grillad fläskfilé och persikosallad

INGREDIENSER:
- 1 lb fläskfilé
- Salta och peppra efter smak
- 2 matskedar olivolja
- 2 persikor, halverade och urkärnade
- 4 koppar blandad grönsallad
- 1/4 kopp rostade pekannötter
- 1/4 kopp smulad fetaost
- Honungsbalsamicodressing

INSTRUKTIONER:
a) Värm grillen till medelhög värme. Krydda fläskfilén med salt, peppar och olivolja.
b) Grilla fläskfilé i 15-20 minuter, vänd då och då, tills innertemperaturen når 145°F (63°C). Låt den vila i 5 minuter innan du skär upp den.
c) Pensla persikohalvorna med olivolja och grilla i 2-3 minuter per sida, tills grillmärken syns. Skiva persikor.
d) Lägg upp blandade grönsaker på ett serveringsfat. Toppa med skivad fläskfilé och grillade persikoskivor.
e) Strö rostade pekannötter och smulad fetaost över salladen.
f) Ringla över honungsbalsamicodressing. Servera omedelbart.

49. Grillad lammkotlett och couscoussallad

INGREDIENSER:
- 4 lammkotletter
- Salta och peppra efter smak
- 2 matskedar olivolja
- 1 kopp couscous
- 1 1/4 dl grönsaksbuljong
- 4 dl babyspenatblad
- 1/4 kopp torkade tranbär
- 1/4 kopp smulad getost
- Citronvinägrettdressing

INSTRUKTIONER:
a) Värm grillen till medelhög värme. Krydda lammkotletterna med salt, peppar och olivolja.
b) Grilla lammkotletter i 3-4 minuter per sida för medium-rare, eller tills önskad form är klar. Låt dem vila i 5 minuter innan servering.
c) Koka upp grönsaksbuljong i en kastrull. Rör i couscous, täck över och ta bort från värmen. Låt stå i 5 minuter och fluffa sedan med en gaffel.
d) Lägg upp babyspenatblad på ett serveringsfat. Toppa med kokt couscous.
e) Lägg grillade lammkotletter ovanpå couscousen. Strö torkade tranbär och smulad getost över salladen.
f) Ringla över citronvinägrettdressing. Servera omedelbart.

50.Grillad biff Kabob och grekisk sallad

INGREDIENSER:
- 1 lb nötfilé, skuren i 1-tums kuber
- Salta och peppra efter smak
- 2 matskedar olivolja
- 1 rödlök, skuren i klyftor
- 1 röd paprika, skuren i bitar
- 1 grön paprika, skuren i bitar
- 1 gurka, tärnad
- 1 dl körsbärstomater, halverade
- 1/2 kopp Kalamata oliver, urkärnade
- 1/4 kopp smulad fetaost
- Grekisk dressing

INSTRUKTIONER:
a) Värm grillen till medelhög värme. Krydda nötköttstärningarna med salt, peppar och olivolja.
b) Trä nötköttstärningar på spett, varva med rödlöksklyftor och paprikabitar.
c) Grilla nötköttkabobs i 8-10 minuter, vänd då och då, tills nötköttet är tillagat till önskad form och grönsakerna är möra.
d) I en stor skål, kombinera tärnad gurka, halverade körsbärstomater, Kalamata-oliver och smulad fetaost.
e) Lägg upp grillad nötkött på ett serveringsfat. Servera med grekisk sallad vid sidan om, översållad med grekisk dressing. Njut av!

GRILLADE FJÄDERFÄSALADER

51.Chilis grillad karibisk sallad

INGREDIENSER:
- ¼ kopp dijonsenap
- ¼ kopp honung
- 1½ msk socker
- 1 msk sesamolja
- 1½ msk äppelcidervinäger
- 1½ tsk limejuice
- 2 måttliga s Tomater, tärnade
- ½ kopp spansk lök, tärnad
- 2 tsk Jalapenopeppar, kärnade och
- ;deribbad
- 2 tsk koriander, finhackad
- nypa salt
- 4 kycklingbrösthalvor,
- ;benfri och hudlös
- ½ kopp Teriyaki-saltlösning
- 4 dl isbergssallad, tärnad
- 4 koppar grön sallad, tärnad
- 1 dl rödkål, tärnad
- 1 burk ananasbitar i juice, avrunna (5,5 oz. burk)
- 10 tortillachips

INSTRUKTIONER:
a) Gör dressingen genom att blanda alla ingredienser i en liten form med en elektrisk mixer. Täck och kyl.
b) Gör Pico de Gallo genom att kombinera alla ingredienser i en liten skål. Täck och kyl.
c) Marinera kycklingen i teriyaki i minst 2 timmar. Lägg kycklingen i påsen och häll i saltlaken och blanda sedan in i kylen.
d) Förbered grillen eller värm upp grillen. Grilla kycklingen i 4 till 5 minuter per sida eller upp tills den är klar.
e) Blanda sallad och kål tillsammans och dela sedan det gröna i 2 stora individuella portionssalladsformar.
f) Dela pico de gallo och häll den i 2 jämna delar över det gröna.
g) Dela ananasen och stänk den på salladerna.
h) Bryt tortillachipsen i stora bitar och stänk hälften på varje sallad.
i) Segmentera de grillade kycklingbrösten i tunna remsor och fördela hälften av remsorna på varje sallad.
j) Häll upp dressingen i 2 små fat och servera till salladerna.

52.Äpple Mangosallad Med Grillad Kyckling

INGREDIENSER:
- 2 msk risvinsvinäger
- 1 matsked Färsk gräslök; tärnad
- 1 tsk färsk ingefära; riven
- ½ tsk salt
- ¼ tesked Nymalen peppar
- 1 msk solrosolja
- ½ tsk salt
- ¼ tesked Nymalen peppar
- ¼ tesked spiskummin
- 1 nypa Malen röd paprika
- 4 Benfri; kycklingbrösthalvor utan skinn
- Grönsaksspray för matlagning
- 8 koppar blandad grönsallad
- 1 stor mango; skalade och segmenterade
- 2 Golden Delicious äpplen; skalad, kärnad, tunt Segmenterad
- ¼ kopp solrosfrön
- Sesamtunnbröd; (frivillig)

INSTRUKTIONER:
a) Gör Ginger-Vinaigrette: Blanda vinäger, gräslök, ingefära, salt och peppar i en liten skål; vispa gradvis i olja. Gör ¼ kopp.
b) Blanda salt, peppar, spiskummin och rödpeppar i en kopp. stänk över båda sidor av kycklingen. Belägg lätt tung grillpanna eller gjutjärnsgrill med grönsaksspray
c) Värm 1 till 2 minuter över medelhög värme
d) Koka kycklingen 5 till 6 minuter per sida, tills den är genomstekt. Flytta till skärbräda.
e) Blanda gröna, mango och äppelsegment med 3 matskedar dressing. Ordna sallad på 4 individuella tallrikar.
f) Segmentera kycklingen och dela jämnt över gröna; stänk resterande 1 msk dressing över kycklingen. stänk 1 msk solrosfrön över varje sallad.
g) Servera med sesamtunnbröd om så önskas.

53.Grillad kyckling & nypotatis

INGREDIENSER:
- 2 benfria kycklingbröst
- 3 matskedar olivolja
- 8 små färskpotatis, halverad
- Salta och nymalen
- Peppar
- 6 grillad vitlöksklyftor
- Sex 6-tums mjöltortillas
- ½ kopp Monterey Jack ost
- ½ kopp vit cheddarost
- 2 msk färsk timjan
- 2 matskedar vegetabilisk olja

INSTRUKTIONER:
a) Värm upp grillen. Pensla kycklingbröst med 1 msk olivolja och smaka av med salt och peppar.
b) Grilla brösten på varje sida i 4 till 5 minuter, ta ut och låt vila.
c) Blanda potatisen i resten av olivoljan och smaka av med salt och peppar. Grilla köttsidan nedåt i 2 till 3 minuter tills den är gyllenbrun, vänd och fortsätt tillaga tills den är mjuk.
d) Lägg 4 tortillas på en osedd plåt
e) Fördela varje tortilla med 2 matskedar av varje ost, 4 segment kyckling, 1 vitlöksklyfta och 4 potatishalvor. stänk varje tortilla med färsk timjan.
f) Stapla de 2 skikten och täck med de återstående 2 tortillorna. Pensla de översta tortillorna med vegetabilisk olja och lägg oljan nedåt på grillen.
g) Stek på ena sidan upp tills den är gyllenbrun, vänd och fortsätt koka tills osten smält.
h) Skär i fjärdedelar och servera genast.

54.Grillad kyckling och kikärtssallad

INGREDIENSER:

- 2 msk finhackad vitlök
- 2 matskedar färsk ingefära; skalade och rivna
- 1 tsk Malen spiskummin
- ½ tsk salt
- ¼ tesked Malen röd paprika
- 4 skalade och urbenade kycklingbrösthalvor
- 2 burkar (15-ounce) kikärter; sköljs och dräneras
- ½ kopp vanlig yoghurt
- ½ kopp gräddfil
- 1 msk currypulver
- 1 msk citronsaft
- ½ tsk salt
- 1 röd paprika; tärnad
- ¼ kopp Placerple lök; tärnad
- 2 Jalapenopeppar; frösådda och malda
- 2 matskedar färsk koriander; tärnad
- 2 matskedar färsk mynta; tärnad
- 3 koppar färsk spenat; trasig
- 3 koppar röd-tippad bibb sallad; trasig
- 2 msk citronsaft
- 1 msk varm curryolja

INSTRUKTIONER:

a) Blanda de första 5 ingredienserna ; stänk på alla sidor av kycklingbröst.
b) Täck och kyl 1 timme
c) Rör ihop kikärter och nästa 10 ingredienser ; täck och kyl. Grilla kyckling, täckt med grilllock, på medelhög värme (350° till 400°) 5 minuter på varje sida. Skär i ½ tum tjocka segment. Hålla varm. Blanda spenat och sallad i en stor form.
d) Vispa ihop citronsaft och curryolja; stänk över gröna och blanda försiktigt.
e) Ordna jämnt på 4 portionstallrikar ; toppa jämnt med kikärtssallad och ett segmenterat kycklingbröst.

55.Grillad kalkon och tranbärsquinoasallad

INGREDIENSER:
- 1 lb kalkonbröst, benfritt och utan skinn
- 1 dl quinoa, sköljd
- 2 dl kycklingbuljong
- 1/2 kopp torkade tranbär
- 1/4 kopp skivad mandel, rostad
- 4 koppar blandad grönsallad
- 2 matskedar olivolja
- 1 msk balsamvinäger
- Salta och peppra efter smak

INSTRUKTIONER:
a) Värm grillen till medelhög värme. Krydda kalkonbröst med salt och peppar.
b) Grilla kalkonbröst i 6-8 minuter per sida, eller tills det är genomstekt och inte längre är rosa i mitten. Låt den vila några minuter innan du skär upp den.
c) Koka upp kycklingbuljongen i en medelstor kastrull. Tillsätt quinoa, sänk värmen till låg, täck över och låt sjuda i 15-20 minuter, eller tills quinoan är kokt och vätskan absorberas. Ta bort från värmen och låt svalna något.
d) I en stor skål, kombinera kokt quinoa, torkade tranbär och skivad mandel.
e) I en liten skål, vispa ihop olivolja och balsamvinäger för att göra dressingen.
f) Ordna blandade grönsaker på serveringsfat. Toppa med skivat grillat kalkonbröst och quinoablandning.
g) Ringla dressingen över salladen. Servera varm eller i rumstemperatur.

56.Grillad kyckling Caesar sallad

INGREDIENSER:
- 2 benfria, skinnfria kycklingbröst
- 1 msk olivolja
- Salta och peppra efter smak
- 1 huvud romainesallat, hackad
- 1/4 kopp riven parmesanost
- 1/2 kopp krutonger
- Caesardressing (köpt i butik eller hemgjord)

INSTRUKTIONER:
a) Värm grillen till medelhög värme. Pensla kycklingbröst med olivolja och smaka av med salt och peppar.
b) Grilla kycklingbröst i 6-8 minuter per sida, eller tills de är genomstekta och inte längre är rosa i mitten. Låt dem vila några minuter innan du skär upp dem.
c) I en stor skål, kombinera hackad romansallad, riven parmesanost och krutonger.
d) Skiva grillade kycklingbröst och lägg dem ovanpå salladen.
e) Ringla Caesardressing över salladen. Blanda ihop och servera omedelbart.

57. Grillat ankbröst och bärsallad

INGREDIENSER:
- 2 ankbröst
- Salta och peppra efter smak
- 4 koppar blandad grönsallad
- 1 kopp färska bär (såsom jordgubbar, hallon, blåbär)
- 1/4 kopp rostade pekannötter
- 2 msk balsamvinäger
- 1 msk honung
- 2 matskedar olivolja

INSTRUKTIONER:
a) Värm grillen till medelhög värme. Ricka skalet på ankbrösten i ett kryssmönster. Krydda med salt och peppar.
b) Grilla ankbröst med skinnsidan nedåt i 5-6 minuter. Vänd och grilla i ytterligare 3-4 minuter, eller tills önskad form. Låt dem vila några minuter innan du skär upp dem.
c) I en stor skål, kombinera blandade salladsgrönsaker, färska bär och rostade pekannötter.
d) I en liten skål, vispa ihop balsamvinäger, honung och olivolja för att göra dressingen.
e) Skiva grillade ankbröst och lägg dem ovanpå salladen. Ringla över dressingen och servera genast.

58.Grillad citronörtskyckling och couscoussallad

INGREDIENSER:

- 2 benfria, skinnfria kycklingbröst
- Skal och saft av 1 citron
- 2 matskedar olivolja
- 2 vitlöksklyftor, hackade
- 1 tsk torkad timjan
- Salta och peppra efter smak
- 1 kopp couscous, kokt
- 1 dl körsbärstomater, halverade
- 1/4 kopp hackad färsk persilja
- 1/4 kopp smulad fetaost
- 2 msk skivad mandel, rostad

INSTRUKTIONER:

a) Värm grillen till medelhög värme. I en liten skål, vispa ihop citronskal, citronsaft, olivolja, hackad vitlök, torkad timjan, salt och peppar.

b) Pensla kycklingbröst med citronörtsmarinad. Grilla kycklingen i 6-8 minuter per sida, eller tills den är genomstekt och inte längre är rosa i mitten. Låt dem vila några minuter innan du skär upp dem.

c) I en stor skål, kombinera kokt couscous, halverade körsbärstomater, hackad färsk persilja, smulad fetaost och skivad mandel.

d) Skiva grillade kycklingbröst och lägg dem ovanpå couscoussalladen. Servera varm eller i rumstemperatur.

59.Grillad kalkon och tranbärssallad

INGREDIENSER:
- 1 lb kalkonbröst, tunt skivad
- 6 dl blandad grönsallad
- 1/2 kopp torkade tranbär
- 1/4 kopp hackade pekannötter, rostade
- 1/4 kopp smulad fetaost
- 2 matskedar olivolja
- 2 msk balsamvinäger
- 1 msk honung
- Salta och peppra efter smak

INSTRUKTIONER:
a) Värm grillen till medelhög värme. Grilla kalkonbröstskivorna i 3-4 minuter per sida, eller tills de är genomstekta.
b) I en liten skål, vispa ihop olivolja, balsamvinäger, honung, salt och peppar för att göra dressingen.
c) Lägg upp blandade grönsaker på ett serveringsfat. Toppa med grillade kalkonskivor, torkade tranbär, rostade pekannötter och smulad fetaost.
d) Ringla dressingen över salladen. Servera omedelbart.

60.Grillad anka och apelsinsallad

INGREDIENSER:

- 2 ankbröst
- 6 dl blandad grönsallad
- 2 apelsiner, skalade och segmenterade
- 1/4 kopp rostade valnötter, hackade
- 2 matskedar olivolja
- 2 msk balsamvinäger
- Salta och peppra efter smak

INSTRUKTIONER:

a) Värm grillen till medelhög värme. Riv skalet på ankbrösten och smaka av med salt och peppar.
b) Grilla ankbröst med skinnsidan nedåt i 6-8 minuter. Vänd och grilla i ytterligare 4-6 minuter, eller tills önskad form.
c) Låt ankan vila några minuter och skiva sedan tunt.
d) I en liten skål, vispa ihop olivolja, balsamvinäger, salt och peppar för att göra dressingen.
e) Lägg upp blandade grönsaker på ett serveringsfat. Toppa med skivad grillad anka, apelsinsegment och rostade valnötter.
f) Ringla dressingen över salladen. Servera omedelbart.

61. Grillad citronörtskycklingsallad

INGREDIENSER:
- 2 benfria, skinnfria kycklingbröst
- 6 dl blandad grönsallad
- 1 dl körsbärstomater, halverade
- 1/4 kopp skivad rödlök
- 1/4 kopp smulad fetaost
- 2 msk hackad färsk persilja
- Saften av 1 citron
- 2 matskedar olivolja
- 1 vitlöksklyfta, finhackad
- Salta och peppra efter smak

INSTRUKTIONER:
a) Värm grillen till medelhög värme. Krydda kycklingbröst med salt, peppar och hackad färsk persilja.
b) Grilla kycklingbröst i 6-8 minuter per sida, eller tills de är genomstekta och inte längre är rosa i mitten.
c) Låt kycklingen vila några minuter och skiva sedan tunt.
d) I en liten skål, vispa ihop citronsaft, olivolja, hackad vitlök, salt och peppar för att göra dressingen.
e) Lägg upp blandade grönsaker på ett serveringsfat. Toppa med skivad grillad kyckling, körsbärstomater, skivad rödlök och smulad fetaost.
f) Ringla dressingen över salladen. Servera omedelbart.

GRILLADE PASTASALADER

62.Grillad Veggie Fusilli Pasta Sallad

INGREDIENSER:
PASTASALLAD
- 1 pund fusilli
- 2 dl tärnad grillad röd och gul paprika
- 2 dl halverade körsbärstomater
- 2 dl tärnad grillad lök
- 2 dl rödvinsvinägrett

RÖDVIN VINAIGRETT
- 1 kopp extra virgin olivolja
- ⅓ rödvinsvinäger
- 2 matskedar vatten
- 4 vitlöksklyftor, finriven
- 2 tsk dijonsenap
- 2 tsk torkad oregano
- 2 tsk granulerad lök
- 1 nypa krossade chiliflakes
- 2 tsk kosher salt
- 1 tsk nymalen svartpeppar
- 2 matskedar honung

INSTRUKTIONER:
RÖDVIN VINAIGRETT:
a) Blanda alla ingredienser i en behållare med tättslutande lock.
b) Skaka väl och förvara i kylen tills det behövs.

PASTASALLAD
c) Förbered pasta enligt anvisningarna på förpackningen.
d) Efter tillagning, sila fusilli och kyla av den i kallt vatten för att stoppa tillagningsprocessen.
e) Lägg över pastan i en stor skål och blanda i resten av ingredienserna.
f) Blanda noggrant och låt stå över natten.

63. Grillad Grönsak Och Pesto Pasta Sallad

INGREDIENSER:
- 2 dl fusilli pasta, kokt och kyld
- 1 zucchini, skivad
- 1 röd paprika, skivad
- 1 gul paprika, skivad
- 1 dl körsbärstomater, halverade
- 1/2 kopp rödlök, tunt skivad
- 1/4 kopp pestosås
- 2 matskedar olivolja
- Salta och peppra efter smak
- Riven parmesanost till garnering

INSTRUKTIONER:
a) Kasta zucchini, röd och gul paprika med olivolja, salt och peppar.
b) Grilla grönsakerna tills de fått grillmärken och är möra.
c) I en stor skål, kombinera pasta, grillade grönsaker, körsbärstomater och rödlök.
d) Tillsätt pestosås och rör tills det är jämnt täckt.
e) Garnera med riven parmesanost.
f) Ställ i kylen minst 1 timme innan servering.

64. Grillad kyckling Caesar Pasta sallad

INGREDIENSER:
- 2 dl pennepasta, kokt och kyld
- 1 lb kycklingbröst, grillad och skivad
- 1 dl körsbärstomater, halverade
- 1/2 kopp svarta oliver, skivade
- 1/4 kopp rödlök, finhackad
- 1/2 kopp Caesardressing
- 1/4 kopp riven parmesanost
- Färsk persilja till garnering

INSTRUKTIONER:
a) Grilla kycklingbröstet tills det är helt genomstekt, skär det sedan i skivor.
b) I en stor skål, kombinera pasta, grillad kyckling, körsbärstomater, svarta oliver och rödlök.
c) Tillsätt Caesardressing och rör tills det är väl blandat.
d) Strö över riven parmesanost och garnera med färsk persilja.
e) Ställ i kylen minst 1 timme innan servering.

65.Grillade Räkor Och Avokadopastasallad

INGREDIENSER:
- 2 dl rotini pasta, kokt och kyld
- 1 lb stora räkor, grillade
- 1 avokado, tärnad
- 1 dl körsbärstomater, halverade
- 1/4 kopp rödlök, finhackad
- 1/4 kopp koriander, hackad
- Saften av 2 limefrukter
- 2 matskedar olivolja
- Salta och peppra efter smak

INSTRUKTIONER:
a) Grilla räkor tills de är ogenomskinliga och har grillmärken.
b) I en stor skål, kombinera pasta, grillade räkor, tärnad avokado, körsbärstomater, rödlök och koriander.
c) Ringla över limejuice och olivolja och smaka av med salt och peppar.
d) Rör om tills det är väl blandat.
e) Ställ i kylen minst 1 timme innan servering.

66.Grillad Sommar Grönsak Och Feta Pasta Sallad

INGREDIENSER:
- 2 dl farfallepasta, kokt och kyld
- 1 aubergine, skivad
- 2 zucchinis, skivade
- 1 dl körsbärstomater, halverade
- 1/2 dl smulad fetaost
- 1/4 kopp färsk basilika, hackad
- 3 msk balsamvinägrett
- Salta och peppra efter smak

INSTRUKTIONER:
a) Kasta aubergine och zucchini skivor med olivolja, salt och peppar.
b) Grilla grönsakerna tills de fått grillmärken och är möra.
c) I en stor skål, kombinera pasta, grillade grönsaker, körsbärstomater, fetaost och färsk basilika.
d) Ringla över balsamicovinägrett och rör tills det är väl täckt.
e) Ställ i kylen minst 1 timme innan servering.

67.Grillad majs- och svartbönpastasallad

INGREDIENSER:

- 2 koppar bowtie pasta, kokt och kyld
- 2 majsax, grillade och kärnor borttagna
- 1 burk (15 oz) svarta bönor, sköljda och avrunna
- 1 röd paprika, tärnad
- 1/4 kopp rödlök, finhackad
- 1/4 kopp färsk koriander, hackad
- Saften av 2 limefrukter
- 3 matskedar olivolja
- 1 tsk spiskummin
- Salta och peppra efter smak

INSTRUKTIONER:

a) Grilla majs tills kärnorna fått en fin röding, ta sedan bort kärnorna.
b) I en stor skål, kombinera pasta, grillad majs, svarta bönor, röd paprika, rödlök och koriander.
c) I en liten skål, vispa ihop limejuice, olivolja, spiskummin, salt och peppar.
d) Häll dressingen över pastablandningen och blanda tills det är väl blandat.
e) Ställ i kylen minst 1 timme innan servering.

68.Grillad kyckling och pesto tortellinisallad

INGREDIENSER:

- 2 koppar trefärgade tortellini, kokta och kylda
- 1 lb grillat kycklingbröst, skivat
- 1 dl körsbärstomater, halverade
- 1/2 kopp rostad röd paprika, hackad
- 1/4 kopp pinjenötter, rostade
- 1/2 kopp färska mozzarellabollar
- 1/3 kopp basilikapesto
- 3 matskedar extra virgin olivolja
- Salta och peppra efter smak

INSTRUKTIONER:

a) I en stor skål, kombinera tortellini, grillad kyckling, körsbärstomater, rostad röd paprika, pinjenötter och mozzarellabollar.
b) I en liten skål, vispa ihop basilikapesto och olivolja.
c) Häll dressingen över pastablandningen och rör tills den är väl täckt.
d) Krydda med salt och peppar efter smak.
e) Ställ i kylen minst 1 timme innan servering.

69.Grillad Grönsak Och Feta Orzo Sallad

INGREDIENSER:
- 2 dl orzopasta, kokt och kyld
- 1 zucchini, skivad och grillad
- 1 röd paprika, grillad och hackad
- 1 gul paprika, grillad och hackad
- 1/2 dl rödlök, grillad och finhackad
- 1/2 dl smulad fetaost
- 1/4 kopp färsk basilika, hackad
- 3 msk balsamvinägrett
- Salta och peppra efter smak

INSTRUKTIONER:
a) Grilla zucchini, röd paprika och rödlök tills de har grillmärken.
b) I en stor skål, kombinera orzopasta, grillade grönsaker, fetaost och färsk basilika.
c) Ringla över balsamicovinägrett och blanda tills det är väl blandat.
d) Krydda med salt och peppar efter smak.
e) Ställ i kylen minst 1 timme innan servering.

70.Grillad Tofu Och Sesamnudelsallad

INGREDIENSER:

- 2 koppar sobanudlar, kokta och kylda
- 1 block extra fast tofu, grillad och tärnad
- 1 kopp snapsärtor, blancherade och skivade
- 1/2 kopp strimlade morötter
- 1/4 kopp salladslök, hackad
- 2 msk sesamfrön, rostade
- 1/3 kopp sojasås
- 2 msk sesamolja
- 1 msk risvinäger
- 1 msk honung

INSTRUKTIONER:

a) Grilla tofun tills den har grillmärken och tärna den sedan.
b) I en stor skål, kombinera sobanudlar, grillad tofu, snapsärtor, strimlade morötter, salladslök och sesamfrön.
c) I en liten skål, vispa ihop sojasås, sesamolja, risvinäger och honung.
d) Häll dressingen över nudelblandningen och rör tills den är väl täckt.
e) Ställ i kylen minst 1 timme innan servering.

71.Grillad Svärdfisk Och Orzo Sallad

INGREDIENSER:

- 2 dl orzopasta, kokt och kyld
- 1 lb svärdfiskstek, grillad och flingad
- 1 dl körsbärstomater, halverade
- 1/2 kopp gurka, tärnad
- 1/4 kopp Kalamata oliver, skivade
- 1/4 kopp rödlök, finhackad
- 1/2 dl smulad fetaost
- 1/3 kopp grekisk dressing
- Färsk oregano till garnering
- Salta och peppra efter smak

INSTRUKTIONER:

a) Grilla svärdfiskbiff tills den är helt genomstekt och flinga den sedan.
b) I en stor skål kombinerar du orzopasta, grillad svärdfisk, körsbärstomater, gurka, Kalamataoliver, rödlök och fetaost.
c) Tillsätt grekisk dressing och blanda tills det är väl blandat.
d) Garnera med färsk oregano.
e) Ställ i kylen minst 1 timme innan servering.

72.Grillad Pilgrimsmussla Och Sparrispastasallad

INGREDIENSER:

- 2 koppar bowtie pasta, kokt och kyld
- 1 lb pilgrimsmusslor, grillade
- 1 dl sparris, grillad och hackad
- 1/4 kopp soltorkade tomater, hackade
- 1/4 kopp färsk basilika, hackad
- 3 matskedar extra virgin olivolja
- Saften av 2 citroner
- Salta och peppra efter smak

INSTRUKTIONER:

a) Grilla pilgrimsmusslor tills de har grillmärken.
b) Grilla sparrisen tills den är mjuk och skär i lagom stora bitar.
c) I en stor skål, kombinera pasta, grillade pilgrimsmusslor, grillad sparris, soltorkade tomater och färsk basilika.
d) I en liten skål, vispa ihop olivolja och citronsaft.
e) Häll dressingen över pastablandningen och blanda tills det är väl blandat.
f) Krydda med salt och peppar efter smak.
g) Ställ i kylen minst 1 timme innan servering.

GRILLAD FISK OCH SKJUDSSALADER

73.Grillad dragon tonfisksallad

INGREDIENSER:
- 1/2 kopp lätt vinägrett eller italiensk salladsdressing
- 1 tsk. färsk strimlad dragon
- 4 (6 oz. vardera) färska tonfiskbiffar, skurna 1/2 tum till 3/4 tum tjocka
- 8 koppar (8 oz.) grönsallad
- 1 kopp tomater (droppar, vindruvor eller körsbär)
- 1/2 kopp gul paprika strimlor
- 1-3/4 koppar (7 oz.) strimlad mozzarella & Asiago ost med rostad vitlök, delad

INSTRUKTIONER:
a) Kombinera salladsdressing och dragon. Skeda 2 matskedar dressing över tonfiskbiffar.
b) Grilla tonfisken över medelhöga kol i 2 minuter per sida eller tills den är genomstekt på utsidan men fortfarande är väldigt rosa i mitten. Undvik överkokning för att förhindra seghet.
c) Kombinera salladsgrönsaker, tomater, paprikaremsor och 1 kopp ost i en stor skål.
d) Tillsätt den återstående dressingblandningen; kasta väl.
e) Överför till serveringsfat, toppa med tonfisk och strö över resterande ost. Servera med peppar.

74.Grillad tonfisk Nicoise sallad

INGREDIENSER:
- 2 msk champagnevinäger
- 1 msk hackad dragon
- 1 tsk dijonsenap
- 1 liten schalottenlök, finhackad
- 1/2 tsk fint havssalt
- 1/4 tsk mald svartpeppar
- 1/4 kopp olivolja
- 1 (1 pund) färsk eller fryst och tinad tonfiskbiff
- Olivolja matlagning spray
- 1 1/2 pund liten färskpotatis, kokad tills den är mjuk och kall
- 1/2 pund gröna bönor, putsade, kokade tills de är mjuka och svalnade
- 1 dl halverade körsbärstomater
- 1/2 kopp urkärnade Nicoise-oliver
- 1/2 kopp tunt skivad rödlök
- 1 hårdkokt ägg, skalat och skuret i klyftor (valfritt)

INSTRUKTIONER:
a) Vispa ihop vinäger, dragon, dijon, schalottenlök, salt och peppar. Vispa långsamt i olivolja för att göra en vinägrett.
b) Ringla 2 matskedar av vinägretten över tonfiskbiffar, täck över och kyl i 30 minuter.
c) Spraya grillen med matlagningsspray och förvärm till medelvärme. Grilla tonfisken tills den är klar (5 till 7 minuter på varje sida).
d) Flinga tonfisken i stora bitar. Ordna tonfisk, potatis, gröna bönor, tomater, oliver, lök och ägg på ett stort fat. Servera med resterande vinägrett vid sidan av.

75. Bladig Sallad Och Grillad Tonfisksallad

INGREDIENSER:

LIME VINAIGRETT:
- 6 msk limejuice
- 1,5 msk vitvinsvinäger
- 3 msk olivolja
- 2 msk sojasås med reducerad natrium
- Salt och nymalen svartpeppar

TONFISK:
- 4 tonfiskbiffar (4 till 5 oz vardera)
- Nonstick matlagningsspray

GRÖNSALLAD:
- 8 dl blandad Bibb och romansallad
- 6 stora knappsvampar (skivade)
- 1/4 kopp skivad salladslök
- 1 stor tomat (klyft)
- 1 burk svarta bönor (sköljda och avrunna, kalla)

INSTRUKTIONER:

a) Förbered sojalimevinägretten genom att vispa limejuice, vinäger, olivolja, sojasås, salt och peppar.

b) Spraya grillgallret med nonstick-spray och förvärm till medelhög. Krydda tonfisken med salt och peppar.

c) Grilla tonfisk i 4-5 minuter per sida. Skär tonfisken i strimlor.

d) I en skål, kombinera tonfisk, svamp, salladslök och andra grönsaker med hälften av vinägretten.

e) I en separat salladsskål, släng sallad med den återstående vinägretten. Lägg tonfisk- och grönsaksblandningen ovanpå.

f) Valfritt: Strö hackad koriander ovanpå. Denna sallad liknar Black-eyed Pea som serveras ungefär så här.

76.Pasta Sallad Med Grillad Tonfisk Och Tomater

INGREDIENSER:
- 8 plommontomater, ca 1 1/4 lb totalt, halverade på längden
- 2 msk. plus 1/2 kopp olivolja
- Salta och nymalen peppar efter smak
- 1 lb. pastaskal
- 2 lb. tonfiskfiléer, var och en ca 3/4 tum tjock
- 1 kopp löst packade färska basilikablad
- 3 msk. rödvinsvinäger
- 1 lb färsk mozzarellaost, fint tärnad
- 1/4 kopp hackad färsk platt bladpersilja

INSTRUKTIONER:
a) Värm en ugn till 450°F. Förbered en het eld i en grill.
b) Lägg tomaterna på en bakplåt och blanda med 1 msk. av olivoljan. Ordna dem, skära sidorna uppåt, på plåten och smaka av med salt. Rosta tills de är mjuka, ca 20 minuter. Låt svalna och skär sedan i halvor på tvären.
c) Koka under tiden en stor gryta som är tre fjärdedelar full med saltat vatten på hög värme. Tillsätt pastan och koka tills den är al dente (mör men fast till tuggan), ca 10 minuter. Häll av, skölj under kallt rinnande vatten och låt rinna av igen. Avsätta.
d) Pensla båda sidorna av tonfiskfiléerna med 1 msk. av oljan. Krydda väl med salt och peppar. Placera på grillgallret 4 till 6 tum ovanför elden och grilla tills det är lätt brynt, cirka 3 minuter. Vänd och koka i 3 till 4 minuter till för medium, eller tills du är färdig enligt din smak. Överför till en skärbräda, låt svalna och skär i 3/4-tums kuber.
e) I en matberedare eller mixer, kombinera basilikabladen och den återstående 1/2 dl olja. Pulsera eller mixa tills det är hackat till en grov puré. Tillsätt vinägern och smaka av med salt och peppar. Pulsera eller blanda tills det blandas.
f) I en stor skål, kombinera pasta, tomater och eventuell ackumulerad juice, tonfisk, mozzarella, persilja och basilikadressing.
g) Rör om försiktigt och servera.

77. Grillad laxsallad med citron-dilldressing

INGREDIENSER:
- 2 laxfiléer
- 6 dl blandad grönsallad
- 1 gurka, skivad
- 1/2 rödlök, tunt skivad
- 1/4 kopp hackad färsk dill
- 1 citron, skivad
- Salta och peppra efter smak
- Till dressingen:
- 1/4 kopp olivolja
- Saften av 1 citron
- 2 msk hackad färsk dill
- 1 tsk dijonsenap
- Salta och peppra efter smak

INSTRUKTIONER:
a) Värm grillen till medelhög värme. Krydda laxfiléerna med salt, peppar och hackad färsk dill.
b) Grilla laxfiléerna i 4-5 minuter per sida, eller tills de är genomstekta och flagna.
c) I en liten skål, vispa ihop olivolja, citronsaft, hackad färsk dill, dijonsenap, salt och peppar för att göra dressingen.
d) Ordna blandad salladsgrönsak, skivad gurka och tunt skivad rödlök på serveringsfat.
e) Toppa med grillade laxfiléer och citronskivor.
f) Ringla dressingen över salladen. Servera omedelbart.

78.Grillad räkor Caesarsallad

INGREDIENSER:

- 1 lb stora räkor, skalade och deveirade
- 6 dl hackad romansallat
- 1/2 kopp krutonger
- 1/4 kopp riven parmesanost
- Caesardressing
- Salta och peppra efter smak

INSTRUKTIONER:

a) Värm grillen till medelhög värme. Trä upp räkor på spett och krydda med salt och peppar.
b) Grilla räkspett i 2-3 minuter per sida, eller tills räkorna är rosa och ogenomskinliga.
c) I en stor skål, släng hackad romansallad med Caesardressing tills den är jämnt täckt.
d) Dela dressad sallad mellan serveringsfat. Toppa med grillade räkor, krutonger och riven parmesanost.
e) Servera omedelbart som en smakrik och mättande grillad Caesarsallad med räkor.

79. Grillad pilgrimsmussla och avokadosallad

INGREDIENSER:
- 1 lb pilgrimsmusslor, sköljda och klappade torra
- 6 dl blandad grönsallad
- 1 avokado, skivad
- 1/4 kopp skivad rödlök
- 1/4 kopp hackad färsk koriander
- Saften av 2 limefrukter
- 2 matskedar olivolja
- Salta och peppra efter smak

INSTRUKTIONER:
a) Värm grillen till medelhög värme. Krydda pilgrimsmusslorna med salt och peppar.
b) Grilla pilgrimsmusslor i 2-3 minuter per sida, eller tills de är genomstekta och ogenomskinliga.
c) I en liten skål, vispa ihop limejuice, olivolja, salt och peppar för att göra dressingen.
d) Ordna blandade grönsaker på serveringsfat. Toppa med grillade pilgrimsmusslor, skivad avokado, skivad rödlök och hackad färsk koriander.
e) Ringla dressingen över salladen. Servera omedelbart.

80.Grillad svärdfisk och medelhavssallad

INGREDIENSER:
- 2 svärdfiskbiffar
- 6 dl blandad grönsallad
- 1 dl körsbärstomater, halverade
- 1/2 engelsk gurka, skivad
- 1/4 kopp skivad rödlök
- 1/4 kopp Kalamata oliver, urkärnade
- 1/4 kopp smulad fetaost
- Till dressingen:
- 1/4 kopp extra virgin olivolja
- 2 msk rödvinsvinäger
- 1 tsk torkad oregano
- Salta och peppra efter smak

INSTRUKTIONER:
a) Värm grillen till medelhög värme. Krydda svärdfiskbiffar med salt och peppar.
b) Grilla svärdfiskbiffar i 4-5 minuter per sida, eller tills de är genomstekta och ogenomskinliga.
c) I en liten skål, vispa ihop extra virgin olivolja, rödvinsvinäger, torkad oregano, salt och peppar för att göra dressingen.
d) Ordna blandade grönsaker, halverade körsbärstomater, skivad gurka, skivad rödlök och Kalamata-oliver på serveringsfat.
e) Toppa med grillade svärdfiskbiffar och smulad fetaost.
f) Ringla dressingen över salladen. Servera omedelbart.

81.Grillad tonfisksallad med mangosalsa

INGREDIENSER:

- 2 tonfiskbiffar
- 6 dl blandad grönsallad
- 1 mango, skalad, urkärnad och tärnad
- 1/2 röd paprika, tärnad
- 1/4 kopp tärnad rödlök
- 2 msk hackad färsk koriander
- Saft av 1 lime
- 1 msk olivolja
- Salta och peppra efter smak

INSTRUKTIONER:

a) Värm grillen till medelhög värme. Krydda tonfiskbiffarna med salt och peppar.
b) Grilla tonfiskbiffar i 2-3 minuter per sida, eller tills de är genomstekta på utsidan men fortfarande är rosa i mitten.
c) I en skål, kombinera tärnad mango, tärnad röd paprika, tärnad rödlök, hackad färsk koriander, limejuice, olivolja, salt och peppar för att göra salsan.
d) Ordna blandade grönsaker på serveringsfat. Toppa med grillade tonfiskbiffar och mangosalsa.
e) Servera omedelbart, garnerad med ytterligare koriander om så önskas.

82.Grillad hälleflundra sallad med citrusvinägrett

INGREDIENSER:
- 2 hälleflundrafiléer
- 6 dl blandad grönsallad
- 1 apelsin, skalad och segmenterad
- 1 grapefrukt, skalad och segmenterad
- 1/4 kopp skivad mandel, rostad
- För citrusvinägretten:
- Saften av 1 citron
- Saft av 1 lime
- 2 matskedar honung
- 1/4 kopp extra virgin olivolja
- Salta och peppra efter smak

INSTRUKTIONER:
a) Värm grillen till medelhög värme. Krydda hälleflundrafiléerna med salt och peppar.
b) Grilla hälleflundrafiléerna i 3-4 minuter per sida, eller tills de är genomstekta och flagna.
c) I en liten skål, vispa ihop citronsaft, limejuice, honung, extra virgin olivolja, salt och peppar för att göra citrusvinägretten.
d) Ordna blandade grönsaker på serveringsfat. Toppa med grillade hälleflundrafiléer, apelsinsegment, grapefruktsegment och rostad skivad mandel.
e) Ringla citrusvinägretten över salladen. Servera omedelbart.

83.Grillad skaldjurssallad

INGREDIENSER:

- 1 lb blandad skaldjur (räkor, pilgrimsmusslor, bläckfisk), rensade
- 6 dl blandad grönsallad
- 1/2 gurka, finhackad
- 1 morot, finhackad
- 1/4 kopp hackade jordnötter, rostade

FÖR DEN THAISKA JORDNÖTSDRESSINGEN:

- 1/4 kopp krämigt jordnötssmör
- 2 msk sojasås
- 2 msk risvinäger
- 1 msk honung
- 1 msk limejuice
- 1 vitlöksklyfta, finhackad
- 1 tsk riven ingefära
- 1/4 kopp vatten (eller mer efter behov)
- Salta och peppra efter smak

INSTRUKTIONER:

a) Värm grillen till medelhög värme. Krydda blandade skaldjur med salt och peppar.
b) Grilla blandade skaldjur i 2-3 minuter per sida, eller tills de är genomstekta.
c) I en mixer eller matberedare, kombinera krämigt jordnötssmör, sojasås, risvinäger, honung, limejuice, hackad vitlök, riven ingefära, vatten, salt och peppar. Mixa tills det är slätt, tillsätt mer vatten om det behövs för att nå önskad konsistens.
d) Ordna blandade salladsgrönsaker, julienned gurka och julienned morot på serveringsfat. Toppa med grillad skaldjur och hackade jordnötter.
e) Ringla den thailändska jordnötsdressingen över salladen. Servera omedelbart.

GRILLAD OST OCH MJÖLKSALLAD

84. Grillad halloumisallad med grönsaker

INGREDIENSER:

- 1 block halloumi ost, skivad
- 2 paprika (röd och gul), skivad
- 1 zucchini, skivad
- 1 rödlök, skivad
- 2 matskedar olivolja
- Salta och peppra efter smak
- Blandad grönsallad
- Körsbärstomater, halverade
- Kalamata oliver, urkärnade
- Balsamicoglasyr, för duggregn

INSTRUKTIONER:

a) Värm grillen till medelhög värme. Pensla halloumiostskivor, paprika, zucchini och rödlök med olivolja. Krydda med salt och peppar.
b) Grilla halloumiostskivor och grönsaker i 3-4 minuter per sida, eller tills grillmärken syns och grönsakerna är mjuka.
c) Ordna blandade salladsgrönsaker, körsbärstomater och Kalamata-oliver på ett serveringsfat.
d) Toppa salladen med grillade halloumiostskivor och grönsaker.
e) Ringla över balsamicoglasyr innan servering.

85.Grillad persika och burrata sallad

INGREDIENSER:
- 2 mogna persikor, halverade och urkärnade
- 1 msk olivolja
- 4 koppar ruccola
- 1/4 kopp rostade pinjenötter
- 1/4 kopp färska basilikablad
- 1 burrata ostboll
- Balsamicoglasyr, för duggregn
- Salta och peppra efter smak

INSTRUKTIONER:
a) Värm grillen till medelhög värme. Pensla persikohalvorna med olivolja.
b) Grilla halvor av persikor i 2-3 minuter per sida, eller tills grillmärken syns och persikorna är mjuka.
c) Lägg ruccola på ett serveringsfat. Toppa med grillade persikohalvor.
d) Riv burrataostbollen i bitar och strö över salladen.
e) Strö över rostade pinjenötter och färska basilikablad.
f) Ringla över balsamicoglasyr och smaka av med salt och peppar innan servering.

86.Grillad grönsaks- och fetaostsallad

INGREDIENSER:
- Blandade grönsaker (som paprika, zucchini, aubergine), skivade
- 2 matskedar olivolja
- Salta och peppra efter smak
- Blandad grönsallad
- 1/2 dl smulad fetaost
- Citronvinägrettdressing

INSTRUKTIONER:
a) Värm grillen till medelhög värme. Pensla skivade grönsaker med olivolja och smaka av med salt och peppar.
b) Grilla grönsakerna i 3-4 minuter per sida, eller tills de är mjuka och lätt förkolnade.
c) Lägg upp blandade grönsaker på ett serveringsfat. Toppa med grillade grönsaker.
d) Strö smulad fetaost över salladen.
e) Ringla över citronvinägrettdressing före servering.

87.Grillad paneer och mangosallad

INGREDIENSER:
- 1 block paneerost, skuren i tärningar
- 1 mogen mango, skalad och tärnad
- 2 dl babyspenatblad
- 1/4 kopp hackad färsk koriander
- 2 matskedar olivolja
- Saft av 1 lime
- Salta och peppra efter smak

INSTRUKTIONER:
a) Värm grillen till medelhög värme. Trä paneerkuber på spett.
b) Grilla paneer spett i 3-4 minuter per sida, eller tills grillmärken uppstår och paneer är genomvärmd.
c) I en stor skål, kombinera tärnad mango, babyspenatblad och hackad färsk koriander.
d) Ringla över olivolja och limejuice. Krydda med salt och peppar och blanda ihop.
e) Lägg grillade paneerkuber över salladen innan servering.

88. Grillad getost och betorsallad

INGREDIENSER:
- 4 medelstora rödbetor, kokta och skivade
- 4 uns getost, skivad i rundor
- Blandad grönsallad
- 1/4 kopp hackade valnötter, rostade
- Balsamicoglasyr, för duggregn
- Salta och peppra efter smak

INSTRUKTIONER:
a) Värm grillen till medelhög värme. Pensla getostrundor lätt med olivolja.
b) Grilla getostrundor i 1-2 minuter per sida, eller tills de är lätt gyllene och grillmärken syns.
c) Ordna blandade grönsaker på serveringsfat. Toppa med skivade kokta rödbetor och grillade getostrundor.
d) Strö över hackade rostade valnötter och ringla över balsamicoglasyr.
e) Smaka av med salt och peppar innan servering.

89.Grillad ädelost och päronsallad

INGREDIENSER:
- 2 mogna päron, halverade och kärnade ur
- 4 uns ädelost, smulad
- Blandad grönsallad
- 1/4 kopp hackade pekannötter, rostade
- Älskling, för duggregn
- Salta och peppra efter smak

INSTRUKTIONER:
a) Värm grillen till medelhög värme. Pensla päronhalvorna lätt med olivolja.
b) Grilla päronhalvorna i 3-4 minuter per sida, eller tills grillmärken syns och päronen mjuknat.
c) Ordna blandade grönsaker på serveringsfat. Toppa med grillade päronhalvor och smulad ädelost.
d) Strö över hackade rostade pekannötter och ringla över honung.
e) Smaka av med salt och peppar innan servering.

90.Grillad ricotta och tomatsallad

INGREDIENSER:
- 8 uns ricottaost
- 2 stora tomater, skivade
- 2 matskedar olivolja
- Färska basilikablad
- Balsamicoglasyr, för duggregn
- Salta och peppra efter smak

INSTRUKTIONER:
a) Värm grillen till medelhög värme. Pensla tomatskivorna med olivolja och smaka av med salt och peppar.
b) Grilla tomatskivorna i 2-3 minuter per sida, eller tills de är lätt förkolnade och mjukna.
c) Grilla ricottaost i 2-3 minuter per sida, eller tills grillmärken syns och osten är genomvärmd.
d) Lägg upp grillade tomatskivor och ricottaost på ett serveringsfat.
e) Garnera med färska basilikablad och ringla över balsamicoglasyr.
f) Smaka av med salt och peppar innan servering.

91.Grillad mozzarella och aubergine sallad

INGREDIENSER:
- 1 stor aubergine, skivad
- 8 uns färsk mozzarellaost, skivad
- Blandad grönsallad
- Körsbärstomater, halverade
- Balsamicoglasyr, för duggregn
- Färska basilikablad
- Salta och peppra efter smak

INSTRUKTIONER:
a) Värm grillen till medelhög värme. Pensla aubergineskivorna lätt med olivolja och smaka av med salt och peppar.
b) Grilla aubergineskivorna i 3-4 minuter per sida, eller tills de är mjuka och grillmärken syns.
c) Grilla färska mozzarellaskivor 1-2 minuter per sida, eller tills de är lätt gyllene och grillmärken syns.
d) Ordna blandade grönsaker på serveringsfat. Toppa med grillade aubergineskivor och grillade mozzarellaskivor.
e) Tillsätt körsbärstomathalvor och färska basilikablad.
f) Ringla över balsamicoglasyr och smaka av med salt och peppar innan servering.

GRILLAD TOFU OCH VEGETARISK SALLAD

92.Grillad citron basilika tofu sallad

INGREDIENSER:
- ⅓ kopp finhackad färsk basilika
- 2 msk kryddig dijonsenap
- 1 msk honung, lönnsirap eller agave om du är vegan
- 1-2 tsk rivet citronskal
- ¼ kopp färsk citronsaft, saften av ca 2 citroner
- 1 msk olivolja
- ½ tsk havssalt
- ¼ tesked nymalen svartpeppar
- 3 vitlöksklyftor, hackade
- 1 pund extra fast tofu, avrunnen och pressad
- grönsaker och färska grönsaker

INSTRUKTIONER:
a) Blanda alla ingredienser utom tofun i en liten skål. Skär tofun på tvären i 6 skivor. Lägg tofuskivorna i en behållare med marinaden och låt stå i minst en timme.
b) Förbered grillen.
c) Ta bort tofuskivorna från marinaden, se till att lämna eventuell åtkomstmarinad i behållaren.
d) Placera tofuskivor på ett galler täckt med matlagningsspray; grilla 3-5 minuter på varje sida.
e) Servera tofun över en bädd av grönsaker och andra grönsaker. Ringla extra marinad över tofun för att använda som dressing och servera.

93. Grillad tofu och grönsaksquinoasallad

INGREDIENSER:
- 1 block fast tofu, pressad och skivad
- 2 paprika (röd och gul), skivad
- 1 zucchini, skivad
- 1 kopp körsbärstomater
- 1 kopp kokt quinoa
- Blandad grönsallad
- 2 matskedar olivolja
- Salta och peppra efter smak
- Citron-tahinidressing

INSTRUKTIONER:
a) Värm grillen till medelhög värme. Pensla tofuskivor, paprika, zucchini och körsbärstomater med olivolja. Krydda med salt och peppar.
b) Grilla tofuskivor och grönsaker i 3-4 minuter per sida, eller tills grillmärken syns och grönsakerna är mjuka.
c) I en stor skål, kombinera kokt quinoa och blandade salladsgrönsaker.
d) Toppa med grillade tofuskivor och grönsaker.
e) Ringla över citron-tahinidressing före servering.

94.Portobello svamp och halloumi sallad

INGREDIENSER:

- 4 portobello svampmössor
- 1 block halloumi ost, skivad
- 4 koppar ruccola
- 1/4 kopp soltorkade tomater, hackade
- 1/4 kopp rostade pinjenötter
- Balsamicoglasyr, för duggregn
- Salta och peppra efter smak

INSTRUKTIONER:

a) Värm grillen till medelhög värme. Pensla portobellosvampkapsyler och halloumiostskivor med olivolja. Krydda med salt och peppar.
b) Grilla portobellosvampkapsyler och halloumiostskivor i 3-4 minuter per sida, eller tills grillmärken syns och svamparna är mjuka.
c) Lägg ruccola på ett serveringsfat. Toppa med grillade portobellosvampkapsyler och halloumiostskivor.
d) Strö över hackade soltorkade tomater och rostade pinjenötter.
e) Ringla över balsamicoglasyr innan servering.

95.Grillad grönsaks- och couscoussallad med Tofu

INGREDIENSER:
- 1 block fast tofu, pressad och skivad
- Blandade grönsaker (som paprika, aubergine, zucchini), skivade
- 1 kopp kokt couscous
- Blandad grönsallad
- 2 matskedar olivolja
- 2 msk balsamvinäger
- 1 vitlöksklyfta, finhackad
- Salta och peppra efter smak

INSTRUKTIONER:
a) Värm grillen till medelhög värme. Pensla tofuskivor och diverse grönsaker med olivolja. Krydda med salt och peppar.
b) Grilla tofuskivor och grönsaker i 3-4 minuter per sida, eller tills grillmärken syns och grönsakerna är mjuka.
c) I en stor skål, kombinera kokt couscous och blandade salladsgrönsaker.
d) Toppa med grillade tofuskivor och grönsaker.
e) I en liten skål, vispa ihop olivolja, balsamvinäger, hackad vitlök, salt och peppar för att göra dressingen. Ringla över salladen innan servering.

96.Grillad tofu och avokadosallad

INGREDIENSER:

- 1 block fast tofu, pressad och skivad
- 2 avokado, skivade
- 4 koppar blandad grönsallad
- 1/4 kopp skivad mandel, rostad
- 2 msk hackad färsk koriander
- Saft av 1 apelsin
- Saft av 1 lime
- 2 matskedar olivolja
- 1 tsk honung
- Salta och peppra efter smak

INSTRUKTIONER:

a) Värm grillen till medelhög värme. Pensla tofuskivorna med olivolja. Krydda med salt och peppar.
b) Grilla tofuskivor i 3-4 minuter per sida, eller tills grillmärken syns och tofun är genomvärmd.
c) Lägg upp blandade grönsaker på ett serveringsfat. Toppa med grillade tofuskivor och skivad avokado.
d) Strö över rostad skivad mandel och hackad färsk koriander.
e) I en liten skål, vispa ihop apelsinjuice, limejuice, olivolja, honung, salt och peppar för att göra dressingen. Ringla över salladen innan servering.

97.Grönsaks- och tofusallad med Misodressing

INGREDIENSER:
- 1 block fast tofu, pressad och skivad
- Blandade grönsaker (som paprika, aubergine, svamp), skivade
- 4 koppar blandad grönsallad
- 2 msk sesamolja
- Salta och peppra efter smak

FÖR MISO-DRESSINGEN:
- 2 msk vit misopasta
- 2 msk risvinäger
- 1 msk sojasås
- 1 msk honung
- 1 msk sesamolja
- 1 vitlöksklyfta, finhackad
- Vatten, efter behov

INSTRUKTIONER:
a) Värm grillen till medelhög värme. Pensla tofuskivor och diverse grönsaker med sesamolja. Krydda med salt och peppar.
b) Grilla tofuskivor och grönsaker i 3-4 minuter per sida, eller tills grillmärken syns och grönsakerna är mjuka.
c) Lägg upp blandade grönsaker på ett serveringsfat. Toppa med grillade tofuskivor och grönsaker.
d) I en liten skål, vispa ihop vit misopasta, risvinäger, sojasås, honung, sesamolja och hackad vitlök för att göra misodressingen. Späd med vatten efter behov för att nå önskad konsistens. Ringla över salladen innan servering.

98. Grillad halloumi och vattenmelonsallad

INGREDIENSER:
- 1 block halloumi ost, skivad
- 4 koppar vattenmelon i tärningar
- 4 koppar ruccola
- 1/4 kopp färska myntablad, hackade
- 2 matskedar olivolja
- Saft av 1 lime
- Salta och peppra efter smak

INSTRUKTIONER:
a) Värm grillen till medelhög värme. Grilla halloumiostskivorna i 2-3 minuter per sida, eller tills grillmärken syns.
b) I en stor skål kombinerar du tärnad vattenmelon, ruccola och hackade färska myntablad.
c) Ringla över olivolja och limejuice. Krydda med salt och peppar och blanda ihop.
d) Lägg grillade halloumiostskivor över salladen innan servering.

99.Grillad tofu och sommargrönsakssallad

INGREDIENSER:
- 1 block fast tofu, pressad och skivad
- Diverse sommargrönsaker (som körsbärstomater, majs, paprika), halverade eller skivade
- 4 koppar blandad grönsallad
- 1/4 kopp färska basilikablad, hackade
- 2 msk balsamvinäger
- 1/4 kopp olivolja
- Salta och peppra efter smak

INSTRUKTIONER:
a) Värm grillen till medelhög värme. Pensla tofuskivor och sommargrönsaker med olivolja. Krydda med salt och peppar.
b) Grilla tofuskivor och grönsaker i 3-4 minuter per sida, eller tills grillmärken syns och grönsakerna är mjuka.
c) I en stor skål, kombinera blandade salladsgrönsaker och hackade färska basilikablad.
d) Ringla över balsamvinäger och olivolja. Krydda med salt och peppar och blanda ihop.
e) Fördela grillade tofuskivor och sommargrönsaker över salladen innan servering.

100.Grillad grönsaks- och getostsallad

INGREDIENSER:

- Diverse grönsaker (som zucchini, aubergine, körsbärstomater), skivade
- 4 oz getost, smulad
- 4 koppar blandad grönsallad
- 2 matskedar olivolja
- Balsamicoglasyr, för duggregn
- Salta och peppra efter smak

INSTRUKTIONER:

a) Värm grillen till medelhög värme. Pensla olika grönsaker med olivolja. Krydda med salt och peppar.
b) Grilla grönsakerna i 3-4 minuter per sida, eller tills grillmärken syns och grönsakerna är mjuka.
c) I en stor skål, kombinera blandade salladsgrönsaker och grillade grönsaker.
d) Toppa med smulad getost och ringla över balsamicoglasyr innan servering.

SLUTSATS

" De Ultimata Grilla Saladerna " står som ett banbrytande verk, som omdefinierar gränserna för grillning och utmanar våra uppfattningar om vad sallader kan vara. Det är en hyllning till smak, ett bevis på eldens kraft och en hyllning till skönheten hos gröna och grönsaker i deras otaliga former. Genom sina innovativa recept, detaljerade vägledning och passionerade förespråkare för grillade grönsaker, inbjuder den här boken läsare att tända upp sina grillar och ge sig ut på ett kulinariskt äventyr som lovar att förändra deras inställning till salladstillverkning.

Att ta till sig teknikerna och recepten på dessa sidor kommer inte bara att utöka ens kulinariska repertoar utan också öka ens uppskattning för de enkla, men ändå djupa, nöjena med en välgrillad sallad.

I slutändan är " De Ultimata Grilla Saladerna " mer än en kokbok – det är en inkörsport till en värld där grönt står i centrum, vilket bevisar att med lite kreativitet och den transformativa touchen av eld kan sallader verkligen vara den ultimata rätten.

www.ingramcontent.com/pod-product-compliance
Lightning Source LLC
Chambersburg PA
CBHW071829110526
44591CB00011B/1271